国家出版基金项目
NATIONAL PUBLICATION FOUNDATION

春祈秋報

江南风俗图录

生活信仰卷

香火氤氲的现世观照

第10卷

Illustrated Chronicles of Jiangnan Customs

- Vol. 10 -

Spring Prayers and Autumn Offerings

仲富兰 著

上海辞书出版社

江南风俗图录·第10卷·春祈秋报

本书为《江南风俗图录（1840—1949）》分卷之一。整套书随附别册，内容涵盖《江南风俗图录》全书总览及各分卷简介、十卷本内在关联分析与跨学科阐释、与仲富兰民俗学研究脉络的勾连、核心参考文献汇释、仲富兰民俗文化学学术著述系年，另收录总序、后记等文稿。为便于读者共享别册内容，上海辞书出版社公众号设“《江南风俗图录》别册”专题，供各界参阅。

辞书微信公众号二维码

“十四五”国家重点出版物出版规划项目

国家出版基金资助项目

上海文化发展基金会图书出版专项基金资助项目

仲富兰

当代民俗学家。上海人。毕业于复旦大学哲学系。华东师范大学教授、博士生导师，上海市民俗文化学会创始会长及名誉会长，中国民俗文化学科的开拓者和奠基人。1986年至今已出版《中国民俗文化学导论》、《中国民俗学通论》（三卷本）、《上海六千年》（三卷本）、《图说中国近百年社会变迁》（四卷本）、《民俗传播学》、《江南风俗与信仰》、《上海民俗——民俗文化视野下的上海日常生活》、《上海小史》、《节日里的中国》、《图说中国人生礼仪》等50多部著述，部分被译为英、俄、日、韩等国文字在国外出版。承担“十四五”国家重点出版物出版规划项目《江南风俗图录（1840—1949）》（全十卷）及上海市相关文创研究课题。2019年起主编《民俗掌故日历》（上海辞书出版社，至今共计7版）。另有大量论文和文章散见于海内外报章期刊。

Zhong Fulan

A contemporary folklorist from Shanghai. He graduated from the Department of Philosophy at Fudan University and is currently a professor and doctoral supervisor at East China Normal University. He is the founding president and honorary president of the Shanghai Society of Folk Culture Studies, and a pioneering and foundational figure in the academic field of Chinese folk culture.

He has published over 50 works since 1986, including *An Introduction to Chinese Folklore*, *General Theory of Chinese Folk Culture* (three volumes), *Six Thousand Years of Shanghai* (three volumes), *Illustrated History of Social Changes in Modern China* (four volumes), *Folklore Communication Studies*, *Jiangnan Customs and Beliefs*, *Shanghai Folkloristics: Daily Life in Shanghai through the Lens of Folk Culture*, *A Brief History of Shanghai*, *China in Its Festivals*, and *An Illustrated Guide to Chinese Rites of Passage*. Several of these have been translated into English, Russian, Japanese, Korean, and other languages for international publication.

He is leading a major national publishing project under the 14th Five-Year Plan: Illustrated Chronicles of *Jiangnan Customs (1840–1949)* (ten volumes), as well as related cultural and creative research initiatives in Shanghai. Since 2019, he has served as editor-in-chief of *The Almanac of Folk Culture and Anecdotes* (Shanghai Lexicographical Publishing House), which has been released seven editions to date. His numerous papers and articles have appeared in newspapers and joumals both in China and abroad.

光影铭沧桑

图卷展风华

目录

第三章

外来宗教与民众世俗生活

091

第四章

实用而多元的自然崇拜

125

第五章

尊重原创的人文先祖崇拜

159

概述

风俗习惯是一个民族在长期岁月中逐渐形成的文化意识的反映和表现，任何民俗，说到底，都是一定范围民众群体共同心愿的显现，映照出特定民众群体心愿中“我们”族群的归属感，正是这种“归属感”，构成了风俗文化的基因。它类同于人类生物生命基因，以一种创造和再创造的文化密码，延续并制约人类文化生命的成长。

三十多年前，拙著《中国民俗文化学导论》中就说过，风俗与信仰不是人们所理解的那种浅表层的文化，它是一种“隐显互动的复合形态”。所谓“隐显互动”，即一方面它裸露着的各种林林总总的表象，显示出各种风俗与信仰的多样性与丰富性，而且这种表象经常在发生着变化；另一方面，它的内涵又是相当沉稳的隐蔽着，令人难识其“庐山真面目”，而且这隐蔽着的内涵又是缓慢变化、相对静止的。这样看来，它就不可避免地充满相互矛盾的命题。

一、民俗信仰与宗教信仰的联系与区别

民俗信仰与宗教信仰存在具有完全不同性质的区别，首先在组织形式上，宗教，不论世界上哪一种宗教，都有固定信徒的组织，如教会、教团等，有明确的层级结构和管理体系，而民俗信仰一般没有固定的组织机构，信众是广泛散布于社会的自由信仰个体或小的社会群体；就活动场所而论，宗教有固定的宗教活动场所，如佛教的寺庙，道教的宫观坛场，天主教、基督教、东正教的教堂，伊斯兰教的清真寺等，民俗信仰则通常没有固定的信仰活动场所，其信仰仪式可能在家庭、庙宇、街头巷尾等各种场所进行；从信奉对象上来看，宗教一般有一个至高无上的信奉对象，即有着一个崇拜的偶像，如佛教的佛陀、道教的太上老君或玉皇大帝、天主教和基督教的上帝、伊斯兰教的安拉等，民俗信仰所信奉的神灵没有至高无上者，往往是根据信仰者的具体需要以及不同行业的功利需要，随机选择一种或多种不同的信仰对象，这些信仰对象之间并无主次或主从之分；从创始人及权威程度来观察，宗教都有自己公认的创始人，并被当作本宗教的最高权威、鼻祖，如佛教的释迦牟尼、基督教的耶稣等，中国道教是个例外，因为道教并没有一个明确的创始人，道家以老子为代表，著有《道德经》，不过老子本身是思想家、哲学家，并不是宗教意义上道

教的创始人，东汉时期的张道陵被认为是道教早期的重要人物。民俗信仰几乎都没有公认的创始人，也不存在支配民间信仰的权威或始祖，具有较强的自发特点；从信仰体系和经典来说，宗教有较完整的教义学说、信仰体系和经典，如佛教的佛经、道教的道藏、基督教的圣经、伊斯兰教的《古兰经》和圣训，能够形成系统的理论和思想，民俗信仰则相对较为纷乱、零碎，并无完整的信仰体系，也没有成系统的经典。宗教及其派系大多有共同遵守的教规戒律，甚至设有宗教法庭来维护教规戒律的执行和制度化，同时有专门的神职人员管理本教固定的宗教场所，而民俗信仰则无信仰者共同遵守的教规戒律以及强制执行的机构。

宗教一般都有宗教仪式和进行仪式的各种法器，如佛教的佛珠、道教的拂尘等，而民俗信仰者在从事民俗活动或民间宗教仪式时一般没有专门的法器。宗教一般带有大众化的自觉信仰意识，教徒的宗教意识较为清晰和明确，通常不带有明显的功利主义色彩，而民俗信仰者往往带有极为明显和狭隘的功利主义性质，其崇拜对象和信仰范围通常根据个人、家庭或小集团的利益或某一具体需要、目的所决定。

任何一个风俗事象，都不是无缘无故发生的，哪怕是像老百姓平常过日子流传的所谓“左眼跳是福，右眼跳是祸”，以及将吃剩的药渣倒在四岔路口之类的信俗，它虽然表现在日常的生活琐事之中，但都无可避免地包含着某种风俗性的精神意识。具象的表现，我们称之为民俗文化的“外壳”，其中的精神意识，则是民俗的“内核”。或者说，“外壳”是一种显露在外的表象，“内核”则是造成表象的原因。当然这种因果关系是互为因果、辩证统一的，不能简单地作一种划分或者机械地进行割裂。

二、民俗信仰的内在逻辑特点

民俗信仰是一种民间信俗，是中国几百年来社会文化的一个重要组成部分，具有以下特点：

第一是多样性的特点：民俗信仰种类繁多，涵盖了诸多方面。比如神灵崇拜就极为多样，有关公爷、龙王爷、娘娘神、财神爷、灶王爷等，不同地区还可能因历史、文化、传说等因素有当地独特的信仰对象。

第二是功利性的特点：民众往往带着明确的功利目的参与民俗信仰活动。例如，祈求神灵保佑风调雨顺、五谷丰登、家庭平安、财运亨通等，希望通过信仰行为获得实际的利益和好处。

第三是混融性的特点：中国民俗信仰，包含道教、儒教、大乘佛教、原始巫觋宗教等诸多宗教元素，在信仰实践中通常不作区分，奉行相互贯通的宗教融合主义。像一些神祇可能同时被道教、佛教等吸收，而民众也会一并供奉来自不同宗教体系的神祇，并赋予其不同职能。例如，在民俗信仰中，常将非佛教的神明也泛称为菩萨。如妈祖信仰就是从福建等地传入江南沿海区域，与当地的水神信仰（如伍子胥等）相互融合，人们既拜妈祖保佑航海安全，也祭祀本地水神以求水域平安。

第四是地域性的特点：不同地区的民俗信仰存在差异，具有明显的地域特征。这是各地的自然环境、历史文化、社会经济等条件不同，导致信仰的内容、形式和重视程度有所区别。比如东北地区流行的萨满巫神信仰，包括满洲萨满祭祀、许愿烧香祭与萨满巫医跳神等形式，就是在当地满汉民族融合的背景下形成的独特信仰形态。而江南地区水网密布，所以与水有关的信仰习俗格外突出。

第五是具有传承性与变异性的特点：一方面，许多民俗信仰是从古代传承下来的，保留了一定的传统元素和仪式；另一方面，在清末至民国时期社会变迁的大环境下，又会受到各种因素影响发生一定变化，如一些信仰的仪式可能简化，新的元素可能加入。

最后一点，即民俗信仰的民间性与自发性，民俗信仰大多是在民间自发形成和传播的，没有统一的组织和领导。它深深扎根于民众生活之中，是民众日常精神生活的一部分，反映了民众的心理需求和精神寄托。

说白了，民间信俗就是体现为语言、形象和意蕴的交叉。它本身就是一个复杂的系统，包括数字、自然物象和人文事象等，从而被联结为一个复合的整体。古代卜者针对需要决断的疑难，因数定象，观象系辞，玩其象辞而判断吉凶。其中尤以数字的意象符号充当沟通天（神意或自然法则）人（人的意向行为）的媒介。为什么中国风俗文化中对于数字的禁忌那样普遍？为什么命相一类的书籍汗牛充栋？为什么社会已越来越进步，但算命看相者仍比比皆是？这些问题的答案都与中国人意象与言象的心理结构有关，它影响着风俗与信仰的形成和传播，也影响着人的思维方式和行为方式。大家知道，中国古老的《周易》，其实包含着风俗文化的“基因”。《周易》以“观象制器”的命题来解说中国文化的起源，中国文字以“象形”为基础推衍出自己的构字法，中国医学倡言“藏象”之学，天文历法讲“观象授时”，中国美学以意象为中心范畴，将“意象具足”悬为普遍的审美要求……意象与言象，犹如一张巨网，笼括着包括风俗文化、民间信俗在内的全部中国文化的全幅领域。

这么说有点抽象，举例来说吧。在中国的传统文化中，中医无疑是一个重要的组成部分，因此中医具有十分明显的中华文化的民族特征和历史特征。相对于西医，中医更多地在形态上表现为一种知识的自然积累，而缺少西医的逻辑和科学方法特征。这正是中医的文化特性所在，也是中医的不足之处。这一特点决定了中医必须进一步从文化形态上进一步提升其内在品质，这样才能具有更大更强的生命力，才能融入到现代科学文明中去。中医所面临的问题，不是内容的正确与否，或者说不是属于什么伪科学，而是在形态上如何进一步发展的问题，或者说需要得到科学方法论的背书。

有趣的是，不仅中医，而且整个传统风俗文化，都天生具有某种强烈的感性特征。这首先表现在传统文化的载体——汉字语言上。众所周知，汉字是一种典型的象形文字，汉字的象形特征、汉字的声调特征，都使得汉语在运用时有着很强的感性特点，这种感性特点在中国古典诗词这一文学艺术形式上表现得最为突出。人们之所以喜欢中国的古典诗词，是因为只有在中国古典诗词这种独特的文学艺术形式里，才能体会到那种绘声绘色、情景交融的意境美感。

每一个人都会有具体的出生时间，时间的概念都是以不同的数字来计算的。所谓“生辰八字”在很大程度上是一种表示时间的数字代号，用一个人的出生时间，配上阴阳五行和四时节气来算命，这在中国起源很早，但是直到五代宋初的命学大师徐子平确立了“四柱算命法”，也就是出生的年、月、日、时各成一柱，每柱再由天干、地支各一字合成，共计八个字之后，“八字算命”的体系才算正式确立。算命术因此在古代又常被称为“子平术”。

数字的象征意义，在于说明中国人向来把“人”当作宇宙具体而微的缩影，因此有“人身小天地”“人与四时合序”等说法。既然自然界的万物——虫鱼鸟兽、木石风水等，都因为时间（四季节气）及阴阳五行的运行，而有兴、衰、荣、枯等变化，因此古人认为，若能找出这些因素对一个人的影响，就同样可以预知这个人一生兴衰荣枯的历程。只是，四时在变化，人也一直在成长，要以人生哪一个“定点”的时间作为衡量一生的参考，着实令人费解。写《论衡》的东汉学者王充曾提出他的想法，认为一个人的一生，早在父母交合、卵子受精时就决定了。这样说来，似乎应该以“受孕”那一刻的宇宙运行状态对胎儿的影响，作为论断他将来一生的依据。只可惜这在具体实践上有许多问题，如早产、晚产等，因此退而求其次，改以人脱离母胎之时，也就是出生的时刻，作为定点，所以衍生成了现在所用的“生辰八字”，记录的方式就是“天干”和“地支”。

“意象”还包括卦画符号。其初级符号是数字，二级符号则是指自然物象，再往上则是指人文事象。自然物象指的是无生命的天然物，诸如日、月、星、辰、山、河、土、石等，以及它们在发展变化中的各类形态。自古至今，民间都有对这类事物的崇拜信仰，因为这些自然物象在很大程度上能够影响人们的生活和生存。如果这些自然物象不是与人们生活有关，人们是不会对其崇拜和敬祀的。这种所谓的自然物象的“意象”，实际上反映了人们对大自然的某种依赖关系。人们在“得利”“获福”于自然物时，会产生感激、满足之情；人们在“受害”“罹难”于自然物时，会产生惊慌、恐惧之情。这些都促使人们视这些无生命的自然物为有意志和有意识的事物，并且具有远比人类强大得多的神秘力量。于是，人们便自然而然地将其神化，对其膜拜起来。由于人们相信无生命的自然物也能够向人类散播幸福或灾害，所以对于这些自然物也就形成了种种不同的禁忌风俗。

至于人文事象，它是由数象和自然物象及其相互的关联所形成的一种更为高级的联系和指涉，举凡农事、畜牧、行业、行旅、征伐、争讼、婚姻、教化等，都可涵括在内。人的社会交往，除了语言，还有其他许多方面的实际内容。在多方面的交往过程中，每个人都找到了自己适合的社会存在的位置和方式，亦即把自己纳入了某种社会风俗的框架之中。如行业是人们的社会分工所造成的，人们的社会存在与社会发展决定了人们必须付出一定的劳动，但劳动的形式可以是多种多样的。那些相互独立而又相互依存的不同类型的社会劳动就是所谓的行业分工。行业分工规定了人们的各种不同职业身份，同行业人由于利害关系的一致性，往往形成某种独特的职业风貌和职业特征，从而以某种特有的风俗形态存在于社会之中。

从这个思维逻辑来看民间信俗与民俗信仰，民俗信仰同宗教有什么区别呢？简而言之，民俗信仰同人间的世俗生活是密切混融的，宗教则同民间的世俗生活有一定程度的区隔，如和尚出家，道士进山之类；民俗信仰的信众对神明的要求是功利的，它的目的是“现世报”，所谓“有求必应”“有烧香，有保佑”，烧香拜佛是为了得到菩萨神灵的护佑，而宗教徒追求的却是“来世福”，如“死后进天堂”“来世不当牛马”之类。用通俗的话语来表述这两者的特点，民俗信仰或者民间信俗往往表现为似佛非佛、似道非道、亦佛亦道、非佛非道，不能用“什么教”的分类范畴来说明它，宗教则有其明确的内涵、外延和边界。

三、对外来宗教传入的接受与传播

近百年来，中国江南地区对外来宗教的传入有一定的接受并促使其传播，其中比较典型的是天主教和基督教。明代后期，意籍传教士利玛窦的到来，被认为是天主教在太湖流域传播的开始。1583年，利玛窦等传教士从澳门出发，到1585年冬，利玛窦受邀从北京赴苏州观光，沿路宣传天主教，为建立江南天主教会打下基础。1599年，利玛窦与郭居静等人在南京正阳门西营崇礼街购置一处凶宅改造成江南第一座天主教堂。在利玛窦的撮合下，罗如望神父为朝廷高官徐光启付洗，徐光启入教对江南民众影响巨大。随后，徐光启邀请传教士郭居静前往上海传教，并设立上海第一座天主堂。此后，天主教以点带面，在江南地区迅速传播发展。

再来看基督教，19世纪中叶以后，基督教随着西方列强进入中国大规模传入江南地区，西方各国的传教士蜂拥而至。他们在江南的城市如上海、南京、杭州以及一些中小城镇建立教堂、传教点。在上海，有各种基督教派别的教堂纷纷建立起来，传教士们通过讲道，开办教会学校、医院等方式来吸引民众入教。像上海的圣约翰大学，就是由美国圣公会传教士创办的，在当时有较大影响力。西方列强通过一系列不平等条约，如《南京条约》《天津条约》《北京条约》等，取得了在华传教的特权。这些条约规定清政府要保护传教士和信教者的权益，使得基督教在江南地区的传播有了法律层面的保障和便利，传教士得以更加自由地开展传教活动，教会的势力也逐渐扩张。

传教士对江南社会各阶层的渗透，逐渐为民众所接受。一部分生活困苦、缺乏精神寄托的民众，在传教士的宣传和引导下，加入了基督教。教会有时会提供一些物质帮助和救济，这对一些贫困百姓有一定吸引力。一些士绅阶层出于对西方文化的好奇或者想通过与传教士的交往来获取西方的知识和技术，也与基督教有所接触，甚至有部分人皈依基督教。不过，整体上看，士绅阶层中真正领洗入教的人数并不多。当时也有不少妇女信奉基督教，甚至还出现了发誓终身不嫁、一心侍奉天主的童贞女。

各类基督教教会组织在江南地区不断建立和完善，形成了从基层教堂到主教区等不同层级的管理体系。同时，还设立了一些专门的宗教机构，如修道院、神学院等，来培养神职人员和宗教人才，以维持教会在江南地区的持续发展和运作。基督教凭借西方列强的政治、军事优势，在不平等条约的庇护下，通过多种方式和渠道在江南地区大规模传播，对江南地区的社会、文化、思想等方面都产生了复杂而深远的影响。

外来宗教的传入带来了新的宗教文化元素，丰富了江南地区的文化内涵，其建筑风格、宗教仪式、节日庆典等在一定程度上影响了江南地区的文化景观和民俗习惯。例如，一些地方出现了具有西方建筑风格的教堂。在社会上，一方面，外来宗教的慈善活动和社会服务在一定程度上帮助了部分困难群体；另一方面，在某些时期也与传统的儒家文化观念等产生碰撞，在近代历史背景下，与民族主义情绪等交织引发出了一系列复杂情况。总体而言，近百年来江南地区对外来宗教的传入有一定的接受和传播，但这一过程是复杂多样的，受到多种因素的综合影响，并且伴随着不同程度的文化交流、融合与冲突。同时，外来宗教的存在和发展也逐渐融入江南地区，丰富了江南文化的多元性。

四、民俗信仰的价值与功能

中国是一个多民族的国家，在中华各民族的不断融合过程中，各个民族习俗被接纳到中华风俗文化的体系中来，每个民族各自的风俗特性，从总体上丰富了中国的风俗与信仰文化。

民俗信仰不是法律，但它总是以一种社会惯习的力量出现。成文法律无论规定得多么细致，都不过是社会行为中需要强制执行的一小部分，风俗与信仰就像一只看不见的手，无声地支配和调节着亿万人的行为，从衣食住行到社会交往，从生产消费到精神平衡，人们都自觉或不自觉地遵从民俗文化的惯习力量，甚至在遵从时感到这是天经地义，很少对它产生怀疑。社会规范共有四个层次：第一层是法律，第二层是纪律，第三层是道德和伦理，第四层就是风俗与信仰。风俗与信仰之所以能够强有力地支配着人们的行为，乃是因为我们并没有意识到它的存在，既然意识不到，对它的抵制和反抗也就无从谈起。有人称这种与法律对应的传统规范的力量叫“软控制”，法律、法令等称为“硬控制”，殊不知这所谓“软控制”的力量，在某种意义上比其他社会控制的力量要有力得多，也厉害得多。它就仿佛海滩边上一堆堆石头堆垒起来的防洪堤，尽管它距离海面有一段距离，但是，它的功用就是防止洪水的泛滥。

其实，一个民族的风俗与信仰传统，确实像是一座“堆垒”，在社会成员或者说在民族内部的精神境界的深处，筑起了一道又一道的“防洪堤”。岁月的流逝，进一步助长了它的威严，使这一道道威严的“防洪堤”，不断地得到加固。例如民俗信仰中的祖先崇拜，对祖先灵魂的尊崇和敬仰，通过祭祀祖先、供奉牌位等方式，祈求祖先保佑家族平安、兴旺发达。这在江南地区的家庭和宗族中普遍存在。再如神灵信仰中的各种民间俗信，观音信仰中的观音菩萨被视为救苦救难、慈悲为怀的象征，在江南民间广受信奉，人们会前往寺庙供奉、祈福，希望得到观音菩萨的庇佑和指引；灶神信仰中的灶神，被认为掌管着家庭的饮食和生活，每年腊月二十三或二十四，民间有祭祀灶神的习俗，人们会供奉祭品，希望灶神“上天言好事，下界保平安”。再如人们的居住，讲究宅子和建筑环境的风水，在房屋选址、朝向、布局等方面都有诸多讲究。比如认为房屋背靠山峦、面临水流是好风水，能带来好运和福气；墓地的风水也被高度重视，会请风水先生选择合适的位置，以保佑子孙后代。行业神崇拜中，不同行业有各自崇拜的行业神，如工匠尊崇鲁班，商人敬仰财神（赵公明、关羽等），渔民信奉妈祖等。从业者通过祭祀行业神，祈求自己在工作中顺利、平安，获得行业神的护佑和赐福。

人们在生活中，对于数字和颜色的禁忌，例如对数字“4”有所避讳，因为其发音与“死”相近；而对红色则较为喜爱，认为红色代表吉祥、喜庆。在日常生活和一些重要场合，人们会尽量避免不吉利的数字，而多使用象征吉祥的颜色。这就叫民众的趋利避害的信俗，它是如何产生的，也可以从以下几个角度来看待：

首先是心理需求层面，在当时的社会环境下，民众面临着诸多生活的不确定性和困难，如自然灾害、疾病、战争等。这些信俗为他们提供了一种心理上的安慰和寄托，使他们在面对困境时能够获得一些精神上的支持，减轻焦虑和恐惧，增强对生活的信心和勇气。例如，当人们遭遇疾病或灾难时，通过祈求神灵的庇佑，在心理上会感觉多了一份希望和力量。

其次在社会文化层面，这些信俗作为江南地区传统文化的一部分，经过长期的传承和发展，已经深深融入民众的日常生活和社会交往中。它们成为一种文化符号和社会纽带，增强了民众之间的认同感和凝聚力。比如在一些传统节日或家族祭祀活动中，信俗的实践成为维系家族情感、传承家族文化的重要方式。

当然，在行为引导层面，部分信俗中包含着一些道德规范和行为准则，虽然其表现形式可能带有一定的神秘色彩，但在一定程度上也起到了引导民众行为、规范社会秩序的作用。例如，强调对祖先的敬重、对祖训和家训的遵从、对神灵的敬畏，可能会促使人们在行为上更加自律、善良，遵循公序良俗和传统的道德观念。

然而，也应该看到，一些信俗也可能包含着封建毒素，可能会导致民众产生盲目依赖心理，影响他们对现实问题的理性思考和积极解决。同时，某些不良的信俗活动也可能被别有用心的人利用，从事欺诈或其他非法行为。随着时代的发展和科学知识的普及，人们对自然和社会的认识不断提高，一些不合理的信俗逐渐被摒弃或淡化，但其中所蕴含的文化价值和心理需求的部分，仍然在一定程度上影响着人们的生活和观念。

五、民俗信仰中的趋利避害信俗的积极因素

说到底，民俗文化中的民间信俗，可以起到民间文化中的精神纽带作用。根据民俗文化学的解释，人类行为可分为实用、沟通和仪式三种行为。

民俗信仰中的实用行为主要是为了满足人类基本的生存和生活需求。这是一种具有明确目的和实际功效的行为，通常与物质获取、生产活动、解决具体问题等相关。农民耕种土地、渔夫捕鱼、工匠制作工具等都是实用行为。这些行为直接指向获取食物、创造财富、改善生活条件等实际目标。实用行为在民俗文化中表现为各种传统的生产技艺和生活方式。比如在江南地区，养蚕缫丝是一项重要的实用行为，围绕这一行为形成了一系列的民俗，如蚕花节等，既表达了人们对蚕桑丰收的期望，也体现了实用行为在民俗文化中的传承。不要小看了实用行为，不能说它功利，其实千百年来民间工匠的手工艺制作，如陶瓷、刺绣、木雕等，都是实用行为的体现。这些手工艺不仅满足了人们的物质需求，还承载着丰富的文化内涵和艺术价值。

实用行为是人类社会存在和发展的基础。没有实用行为，人类就无法获取生存所需的物质资源，社会也无法正常运转，它推动了技术的进步和创新。在不断追求更高效、更优质的实用行为过程中，人类发明了各种工具和技术，促进了社会的发展。

民俗信仰中的沟通行为是人类进行信息交流、情感表达和思想传递的行为。它旨在建立人与人之间的联系，促进相互理解和合作。沟通行为可以通过语言、文字、肢体动作、表情等多种方式进行。例如，交谈、书信、电子邮件、手势、微笑等都是沟通行为的表现形式。民俗文化中的沟通行为非常丰富。民间故事、传说、谚语等口头传统是人们沟通历史、文化和价值观的重要方式。这些故事和传说通过一代又一代的口口相传，传递着人类的智慧和经验。节日庆典、婚礼、葬礼等民俗活动也是沟通行为的重要场合。在这些活动中，人们通过各种仪式和互动，表达情感、加强联系、传承文化。再如民间艺术如音乐、舞蹈、绘画等也具有沟通的功能。艺术家通过作品表达自

己的情感和思想，观众则通过欣赏作品与艺术家进行心灵的沟通。

沟通行为是人类社会和谐发展的关键。通过有效的沟通，人们可以解决矛盾、协调行动、建立良好的人际关系。沟通行为还促进了文化的交流和融合，不同地区、不同民族的人们通过沟通，分享彼此的文化，促进了文化的多样性和发展。

民俗信仰中的仪式行为是一种具有象征意义和规范性的行为，通常在特定的场合和时间进行，以表达某种信仰、价值观或社会意义。仪式行为往往具有固定的程序和形式，参与者需要遵循一定的规则和礼仪。宗教仪式、婚礼仪式、葬礼仪式等都是典型的仪式行为。民俗文化中的仪式行为丰富多彩，气象万千，春节的贴春联、放鞭炮、拜年等活动，端午节的赛龙舟、吃粽子等习俗，都是具有浓厚仪式感的民俗行为。祭祀仪式也是民俗文化中的重要组成部分。人们通过祭祀祖先、神灵等，表达对他们的敬仰和感恩之情，同时也祈求他们的庇佑和祝福。成年礼、毕业典礼等人生仪式也是仪式行为的体现。这些仪式标志着人生的重要阶段，具有深刻的社会和文化意义。

仪式行为具有重要的社会和文化功能。它可以增强社会凝聚力，强化人们的身份认同和归属感。通过参与共同的仪式，人们感受到自己是群体中的一员，从而增强对群体的认同感和忠诚度。仪式中的各种符号、象征和礼仪承载着丰富的文化内涵，通过仪式的传承，文化得以延续和发展。仪式行为也可以给人们带来心理上的安慰和满足。在一些重要的人生时刻或困难时期，仪式行为可以帮助人们缓解压力、增强信心，找到心灵的寄托。

综上所述，实用行为、沟通行为和仪式行为是人类行为的重要组成部分，它们在民俗信仰文化中相互交织、相互影响，共同构成了丰富多彩的人类社会生活。理解这三种行为的特点和功能，有助于我们更好地认识和传承民俗文化，促进人类社会的和谐发展。

民间信俗对神明的祭拜又可分为纪念性、诉求性和兼具纪念性、诉求性三类。包公庙、岳飞庙迄今仍有香火，对包公、岳飞的祭拜，出于崇仰他们美德的心理需求，纯粹是纪念性的；对月老、魁星、送子娘娘的祭拜显然是诉求性的；对妈祖、广泽尊王、保生大帝等众多神明的祭拜，则是兼具纪念性和诉求性的活动。以妈祖信仰为例，妈祖生前有很多美德故事，孝敬、勤劳、助人为乐、舍身救人等，身后则有更多的灵验传说，救助海难、定风稳流、保护母婴等。对妈祖的祭拜，寄寓着人们崇尚美德的朴素情感，也蕴含着人们祈安求福的善良愿望。精神层面上朴素的情感和善良的愿望，千百年来维系着芸芸众生。这应该就是民间信仰精神纽带的作用。

第一章

江南禅宗与民间生活图景

江南地区禅宗寺庙众多，杜牧诗云“南朝四百八十寺，多少楼台烟雨中”，南朝时期佛教盛行，修建了大量的寺庙，而到了唐代，这些寺庙历经岁月的洗礼，在烟雨中显得格外朦胧与神秘。如杭州的灵隐寺、苏州的寒山寺等，这些寺庙是民众的信仰中心。许多百姓会定期前往寺庙礼佛、祈福、许愿，在遇到困难或重大事件时，也会到寺庙祈求佛祖庇佑。寺庙的宗教活动成为民众精神生活的重要组成部分，例如初一、十五的上香活动，以及佛诞节等重要节日的法会，都会吸引大量民众参与。

禅宗寺庙也是文化传承的场所。寺庙中的僧侣们不仅研习佛法，还会传承和弘扬佛教文化，禅宗强调内心的觉悟和自我修行，民众在日常生活中注重内心的修养，追求心灵的平静和安宁。在面对生活中的挫折和困难时，人们会以平和的心态去对待，通过自我反思和内心的调整来化解困境。禅宗的善恶观念也影响着民众的行为准则。人们普遍认同因果报应的说法，相信善有善报、恶有恶报，这种价值观在民间的人际交往和社会秩序维护中发挥了重要的调节作用。

禅宗与江南民俗的融合，促使一些传统节日也与禅宗文化相结合。例如，在腊八节，向民众施舍腊八粥，既体现了佛教的慈悲精神，也成为民间的一种传统习俗。民间丧葬习俗中，禅宗的影响较为明显。一些家庭在亲人去世后，会请寺庙的僧侣来做法事，为逝者超度亡灵，希望逝者能够安息，往生极乐世界。此外，如观音菩萨、地藏菩萨对于民间社会生活都有很大影响。

禅宗思想为江南地区的文学创作提供了丰富的素材和灵感。许多文人墨客受到禅宗的影响，在作品中表达对人生的思考、对心性的追求以及对禅意的感悟。禅宗对绘画艺术也产生了重要影响。不少画家将禅宗的意境融入绘画创作中，形成了独特的禅画风格。江南寺庙建筑的布局、结构和装饰都蕴含着禅宗的理念和审美观念，如寺庙的中轴线对称布局、殿堂的庄严神圣、佛像的慈祥庄重等，都给人一种宁静、祥和的感觉。

禅宗寺庙积极参与民间的慈善事业，为民众提供帮助和救济。在遇到自然灾害或战乱时，寺庙也会组织僧侣和信徒进行赈灾活动，帮助受灾的民众渡过难关。许多民众在禅宗思想的影响下，积极参与慈善活动，捐款捐物、帮助他人，形成了良好的社会风尚。

▲ 1870 年宁波天童寺的钟楼和僧侣

▲ 1902 年上海龙华寺鼓楼

姑苏城外寒山寺

——江南禅寺

禅宗是佛教众多宗派之一，它强调心性的觉悟，不依赖言语文字，直指人心见性成佛。唐宋时期，禅宗在江南地区得到了极大的发展，江南地区经济繁荣、文化昌盛，为禅宗的传播提供了良好的土壤，众多高僧大德在江南弘法，吸引了大量信众。例如，慧能大师之后，南岳怀让和青原行思两大支系在江南广泛传播禅宗思想。其中临济宗和曹洞宗更是在江南地区生根发芽。临济宗的寺院遍布江南各地，其机锋棒喝的禅法风格深受士大夫阶层的喜爱，而曹洞宗的“五位君臣”等禅法理论，则是从哲学角度对真如与现象世界的关系进行了深入探讨，是禅宗思想与中国传统哲学相互融合的产物，也丰富了中国佛教的思想内涵。

江南的许多寺院以禅宗为主要传承。在修行方式上这些寺院遵循禅宗的传统，强调坐禅、参禅，僧人通过长时间的静坐，集中注意力，观察自己的内心，以达到觉悟的境界。如杭州灵隐寺、苏州寒山寺，僧人们每天都有固定的坐禅时间，通过调整呼吸、专注心念等方式，体悟佛法。而且寺院的日常活动安排也围绕禅宗的修行理念展开，包括早课、晚课等仪式，其中诵经、拜佛等环节都有助于僧人在日常活动中领悟禅意。

江南的禅寺建筑风格也体现了禅宗理念，追求自然、空灵的境界，禅寺的建筑布局和设计通常简洁大方。一般禅寺的建筑以中轴线为中心，对称分布，主要建筑有山门、天王殿、大雄宝殿、法堂、藏经楼等。以苏州寒山寺为例，寺庙的建筑错落有致，在建筑细节上注重与自然环境的融合，寺庙周围的山水、树木等自然景观与建筑相互映衬，营造出一种宁静、祥和的氛围，在自然中与体悟佛法的理念相

▲ 清末民初的“姑苏城外寒山寺”明信片所载影像

▲ 晚清苏州寒山寺附近的枫桥图影。可见江南名刹寒山寺的景象

▲ 民国初年的江苏南京鸡鸣寺，作为金陵名胜，承载着深厚的历史文化底蕴

契合。寒山寺建筑与江南水乡的自然风光相得益彰，而寺庙周边的河流、枫桥等景观，为寒山寺增添了几分宁静、悠远的意境，这种意境与禅宗所追求的超脱、空灵的精神境界相契合。“月落乌啼霜满天，江枫渔火对愁眠。姑苏城外寒山寺，夜半钟声到客船”，寒山寺因唐代诗人张继的这首《枫桥夜泊》而声名远扬，成为人们心目中的文化胜地。江南地区较为著名的禅寺还有常州天宁禅寺、杭州净慈禅寺、常熟兴福禅寺、宜兴南岳寺、苏州保圣寺、浙江德清高峰禅寺、江西抚州正觉古寺等，以禅文化为主导，文化氛围浓厚。寺院里的匾额、楹联、题刻等都蕴含着丰富的禅意，“本来无一物，何处惹尘埃”等充满禅机的语句常常出现在禅寺的建筑装饰上。寺院还会经常举办禅学讲座、禅修活动等，吸引众多文人墨客、信徒前来参与，使得禅寺成为传播禅文化的中心。像一些著名的江南禅寺，如南京栖霞寺，会定期邀请高僧讲解禅宗经典，人们在聆听讲解的过程中，感受禅宗文化的博大精深。尽管千百年来社会动荡频仍，但江南地区仍有一些德高望重的高僧大德，他们在禅学研究、修行实践以及寺院管理等方面发挥着重要作用，吸引了众多信徒和学者前来交流学习。

清末民国时期，社会动荡不安，民众生活困苦，江南禅寺为人们提供了一个精神寄托的场所。人们在寺院中可以祈求平安、健康、幸福，寻找内心的平静和安慰，缓解生活中的压力和痛苦，也可以说是在乱世中给人们带来一丝慰藉，佛教的因果报应、轮回转世等观念，宣扬对来世的期许，民众希望通过信仰佛教、礼佛拜佛，为自己和家人积累福报，以求来世能够获得更好的生活愿景。

江南禅寺不仅是宗教活动的中心，还是文化与社交场所，从建筑结构来看，体现了古代工匠高超的技艺，是中国传统建筑艺术的杰出代表；佛像雕塑形态各异，栩栩如生。许多禅寺的殿堂墙壁上绘有精美的壁画，禅寺内保存着大量的匾额、楹联和题刻，这些文字内容蕴含着丰富的文化内涵，加上禅寺清幽的环境，吸引众多江南文士、文人墨客在禅寺中举办诗会、雅集等活动，以诗会友，品茶论道，吟诗作画，互相切磋，也在禅寺留下了诗词佳作和墨迹。通过这种社交活动促进了文化的交流与融合，也让禅寺成为文化交流的重要平台。此外，还有一些文化社团会在禅寺举办民俗文化活动，如民间手工艺展示等，吸引了众多民众参与，使禅寺成为民间社交和文化活动的活跃场所。

海上神山涌普陀

——海天佛国

唐贞观年间，有印度僧人来普陀山礼佛，传说在潮音洞目睹观音菩萨现身。五代梁贞明二年（916），日本僧人慧锷大师从五台山请观音像乘船归国，行至普陀山附近的莲花洋时，因风浪所阻触礁，以为观音不肯东渡，于是在潮音洞上岸，建“不肯去观音院”，供奉观音圣像，成为普陀佛教开山之起始。这一传说为普陀山奠定了观音道场的基础，也吸引了众多信徒前来朝拜。

宋元时期，普陀山佛教发展迅速，逐渐成为著名的观音菩萨道场。朝廷多次遣使进香，赐钱修建寺院，推动了普陀山佛教的兴盛。在这一时期，普陀山的寺院数量不断增多，僧尼人数也日益壮大，最盛时有82座寺庵，128处茅篷，僧尼达4 000余人。有“五朝恩赐无双地，四海尊崇第一山”的美誉。明代普陀山寺院建筑不断修缮和扩建，佛教文化继续传承和发展。例如法雨禅寺就是在明朝万历年间

▲ 1870 年浙江普陀山寺庙的莲花池和桥

得以修建。清康熙四年（1665），荷兰殖民者入侵普陀，寺庙除大殿未毁外，其余均荡然无存。康熙二十八年，康熙遣使赍帑金到山重修，并赐额“普济群灵”，此后普济禅寺成为普陀山全岛最大的寺院，也是全山供奉观音的主刹。雍正九年（1731），朝廷发银7万两扩建普济禅寺，寺院规模重见宏大气象。

有关“不肯去观音院”传说，到清末民国有了新演绎，更加强调了观音菩萨对普陀山这方土地的特殊眷顾以及此地与观音菩萨的深厚缘分，这也进一步加深了普陀山作为观音道场在人们心中的神圣地位。许多高僧大德在普陀山中闭关修行，数年不出禅房，专心钻研佛法，其坚忍的修行精神和对佛法的执着追求，为普陀山的佛教文化增添了神秘的色彩。这些高僧的言行和修行经历被人们传颂，成为普陀山佛教文化传承的一部分。近代以来，普陀山观音显灵的传说不胫而走。有人声称在普陀山的某些特殊时刻，如法会期间、海上出现特殊气象时，看到了观音菩萨的身影或感受到了观音菩萨的庇佑。虽然这些传说缺乏科学依据，但对虔诚的信徒来说，却是他们坚定信仰的重要支撑。这些传说也使得普陀山的“海天佛国”之称更加深入人心，吸引着无数人前往朝拜。

近代以来普陀山的佛寺群经历了多次的兴衰。在战乱时期，部分寺庙遭到破坏，但也有许多僧人和信徒不畏艰难，努力保护寺庙的文物和建筑，对普济寺、法雨寺等著名寺庙的多次修缮，都成为近代普陀山佛教发展的重要事件，这些掌故也体现了人们对佛教文化的尊重和珍视。普陀山的美景和佛教文化吸引了不少近代的文人墨客前来游览和朝拜。他们在普陀山留下了许多赞美普陀山佛教氛围和自然风光的诗词、书画作品，这些作品不仅记录了他们在普陀山的感悟和体验，也成为文学艺术的瑰宝。这些作品在一定程度上传播了普陀山的文化，也为普陀山增添了文化底蕴。主持法雨寺修建的清代僧人别庵性统《咏白莲》云：“羡渠水质出淤泥，衬绿凝妆万朵齐。海印乍看成一色，鹭鸶飞入暗香迷。”此诗描写的是普济寺门前海印池的莲花，展现出白天莲池的万种风情，如“接天莲叶无穷碧，映日荷花别样红”般的景致，连鹭鸶都为之沉醉，体现出作者对莲花的喜爱以及对普陀山景色的赞美。

▲ 1878—1880 年普陀山佛岛景色

▲ 民国初年香火缭绕的普陀山普济寺，该寺兴盛于南宋绍兴元年（1131）

晚清时期重要的政治家、思想家康有为用“观音过此不肯

▲ 1906—1909 年普陀山法雨寺寺院主殿寺庙的佛殿

▲ 1906—1909 年普陀山法雨寺珍珠娘娘祭坛

去，海上神山涌普陀。楼阁高低二百寺，鱼龙轰卷万千波”的诗句赞颂普陀山之胜景。这首诗生动地描绘了普陀山的神奇与壮美。普陀山作为海上神山，楼阁错落有致，寺庙众多，展现出浓厚的佛教文化氛围。鱼龙在波涛中翻滚，给人一种宏大而壮观的感觉。康有为的诗让人们对普陀山的美景充满向往，也体现了普陀山在历史文化中的重要地位。1925年夏，刚从清华园毕业的孙大雨为悟求新诗，来到普陀山佛寺客舍住了两个来月。后来他以作下中国第一首新诗和中国第一首长诗闻名于世，据说其第一首新诗灵感就来自普陀山。普陀山以其壮丽的自然风光、深厚的佛教文化和丰富的历史遗迹，成为文人墨客们灵感的源泉和心灵的寄托。

儿童竞插地藏香

——地藏王诞

新罗王族金乔觉落发后渡海来华，通常被认为是唐开元七年（719）。据史料记载及相关研究，金乔觉出生于唐武则天万岁通天元年（696），24岁时落发出家，于唐开元七年携白犬“善听”渡

▲ 清末九华山寺庙一位挑着行李、拄着杖，一步步往上行走的僧人

海来华，历经辗转后前往九华山修行。他在山中“岩栖涧汲”，苦心修持，以白土和小米为食，这种坚定的修行精神和艰苦的修行方式，逐渐被人们知晓和传颂。大约在唐至德二载（757），青阳人诸葛节等被他的苦修德行所感动，买下原为僧檀号住寺的旧基（旧额为“化城”）重建新寺，请他入住，遂成为九华山佛教兴起的重要开端。这一说法在《九华山化城寺记》等文献中也有详细记载。

唐贞元十年（794），金乔觉99岁时圆寂，示寂时“山鸣石陨”“寺中扣钟，无声堕地”“堂椽三坏”。其肉身“趺坐函中”，三年后僧徒开缸，见其颜状如活时，“异动骨节，如撼金锁”。按照佛经所说，这是菩萨的示现。于是，僧徒们便说他是地藏菩萨的化身，并建造肉身墓塔供奉。

从此，九华山就成为地藏菩萨的“应化”之地，九华山位于青阳县西南20千米，方圆100多千米内群峰罗列，九座主峰高耸入云，如莲华削成，山势峻奇高险，苍翠峥嵘，这里素有“灵山仙境”“奇秀甲江南”的美称。这样的自然环境不仅为修行者提供了绝佳的修行场所，也吸引了众多佛教信徒和游客前来朝拜和游览。唐代大诗人李白曾作“昔在九江上，遥望九华峰。天河挂绿水，秀出九芙蓉”的诗，使九华山的知名度大大提高，也为九华山作为佛教圣地的兴起增添了底蕴。

自金乔觉之后，九华山不断有高僧大德前来修行和弘法。唐末陆续修建了九子寺、妙峰寺、圆寂寺、净倍寺、崇圣寺、慈仁寺等十三座寺庙。宋代，九华山佛教得到进一步发展，寺院已达五十余座。明清两代，九华山佛教进入隆盛时期，朝廷多次遣使颁赏，修庙建寺，大兴供养，使得全山香火兴旺，胜甲天下。至清末，全山寺庙达一百五十余座。金乔觉的修行与示现、优越的自然环境、文学作品的宣传以及佛教的传承与发展等，这些因素使得九华山成为中国著名的佛教圣地之一，对中国佛教的发展产生了重要的影响。

在佛教信仰中，地藏王菩萨与地狱和超度亡灵有关。民众认为祭祀地藏王菩萨可以为逝去的亲人超度，帮助他们脱离地狱之苦，早登极乐。这种对亲人的思念和对亡灵的关怀，促使他们进行隆重的祭祀活动。这种救苦救难、慈悲为怀的形象深入人心，民众相信地藏王菩萨能够护佑自己和家人，帮助他们摆脱苦难，所以会在其诞辰日进行祭祀。

地藏王菩萨在江南地区有着广泛的信仰基础。传统的延续使得每到地藏王菩萨诞辰日农历七月三十，民众都会自然而然地进行祭祀，在九华山地藏王菩萨安身的肉身宝殿，民众会绕着塔进行礼拜。有的

▲ 大九华山“地藏月身塔”

▲ 民国时期九华山祇园禅寺近景，寺庙前门倒映在放生池里，庄严的佛门之境

▲ 民国时期九华山地藏王月身宝殿

▲ 民国时期九华山的天台峰，山顶的寺庙为地藏禅林，又称为天台寺，登山的台阶沿着右侧的山体凿建

寺庙设有幽冥钟，民众会排队撞钟。还有僧人和信众会在特定的时间段内，轮流守护地藏菩萨的月身塔或相关的佛塔，以表达对地藏王菩萨的虔诚和敬意。在农历七月三十或二十九的晚上，人们会在家门口、街道旁、空地等地方插上地藏香，也被称为“插棒香”，地藏香通常是一种特制的线香，人们会尽量插得整齐有序，以祈求家人的安康喜乐，还会将河灯放入水中，看着它们顺流而下，以此来祈祷家人健康、家庭幸福、事业顺利等美好愿望。

在苏州地区，有传说元朝末年张士诚统治苏州时期比较得民心，死后苏州人还怀念他。而地藏王菩萨诞辰日的祭祀活动中，有一种“烧地头香”的形式，被认为是苏州人借用地藏节烧地头香的形式，寄托对张士诚的思念，后来逐渐演变成了一种习俗。日子一久，“烧九四香”（张士诚乳名叫“九四”）便化作“烧狗矢香”。夜晚插满线香，在黑暗中形成一片光亮，也给人一种神圣、庄严的感觉，增加了祭祀的仪式感和庄重性。民国时期宁波人张延章《鄞城十二个月竹枝词》云：“七月秋风海角凉，儿童竞插地藏香。连宵焰口江心寺，万盏红灯放水乡。”生动地描绘了江南地区七月地藏王菩萨诞辰时的热闹场景。孩子们竞相插地藏香，夜晚的江心寺举行焰口法事，河流中还有万盏红灯漂浮，画面感十足，体现出这一节日在江南民间的受重视程度以及独特的庆祝方式。

沧浪石上观生死

——观音崇拜

观音菩萨在中国民间家喻户晓，妇孺皆知。在富庶的江南，大慈大悲观世音，更是“家家阿弥陀，户户观世音”。观音菩萨具有大慈大悲救度众生的功德和法力，能给处于危难中的众生以无畏的力量，使人们不畏恐惧，逢凶化吉，遇难呈祥。信奉佛教的士人也认为，观音菩萨应身随机示观，宣说佛法，点化众生，接引众生往生至西方极乐世界。在江南地区，观音菩萨的形象深入人心，不仅在寺庙中受到供奉，也在诗词中被反复赞美，观音的慈悲、智慧和神圣的爱，成为江南文人墨客创作的灵感源泉。他们通过诗词表达对观音菩萨的尊崇和敬仰，同时也反映了江南民众对美好生活的向往和解脱现实苦难的渴望。

关于观音菩萨的形成过程，有多种说法，有“阿弥陀佛之子说”，根据是《悲华经》中的记载；有“莲花化生说”，根据是昙无竭译《观世音菩萨得大势菩萨受记经》；有“人转化而来说”，日本有此传说，早离和即离是一对小兄弟，父母死后被恶人扔到荒岛上，行将饿死。弟弟即离口发怨言，早离说他们经历痛苦后，若能再次生活在世上，一定要援救同样不幸的人们。兄弟两人心怀此念平静死去，最终成为观世音、大势至两个菩萨；还有古代印度信奉的婆罗门教“双马童神说”，他们是善神，神力很大，可使盲人复明、公牛产乳、朽木开花、不育女子生子。佛教创立后，把这位善神纳入自己的体系，成为马头观音或马头明王，后把观音人格化，变为一勇猛丈夫的形象。

▲ 1906—1909 年苏州戒幢寺的四面千手观音

▲ 民国时期江南佛寺里的观音菩萨像

▲ 1935 年，杭州烟霞洞观音菩萨造像

观音传入中国大约是魏晋时期，起初是以“伟丈夫”男性菩萨的形象高坐佛殿神堂。中国早期观音造像，都是以男子汉形象出现，嘴唇上还有两撇小胡子。唐宋以后，观音形象逐渐变为女菩萨，而且非常秀美妩媚。中国佛教对观音的改造还突出地表现在编造观音菩萨新的身世，广泛流传的是观音为妙善公主说。

至于观音菩萨被称为“大慈大悲”，“大慈”指观音菩萨对众生的慈爱没有分别心，平等地对待一切众生。只要众生遇到苦难，诚心称念观音菩萨的名号，观音菩萨都会闻声救苦，给予他们帮助和安慰，让他们在苦难中感受到温暖和快乐。这种无私的、广泛的慈爱精神，使观音菩萨被尊称为“大慈”；“大悲”是拔除众生的痛苦。世间众生经历着各种各样的痛苦，如生老病死、爱别离、怨憎会、求不得等。观音菩萨以其神通和慈悲心，能够深刻地洞察到众生的痛苦，并积极地采取行动去解救众生。她不辞辛劳地奔波于世间，救度那些处于苦难中的众生，帮助他们摆脱痛苦的折磨，这种勇于承担众生痛苦、积极救苦救难的精神，便是“大悲”的体现。

清末民国时期，社会动荡不安，江南地区虽相对富庶，但普通民众，尤其是妇女仍面临着诸多苦难，她们在家庭中承担着生育、抚养子女、照顾家人等重任，生活圈子相对狭窄，观世音菩萨被称为“送子娘娘”，在民间传说中具有送子的功能。女子通过崇拜观世音菩萨，表达对家庭的关爱和守护之情，希望菩萨能够保佑家庭幸福美满，远离因战争、匪患、贫困、家庭矛盾等给人们带来的巨大痛苦和压力。观世音菩萨大慈大悲、救苦救难的形象，成为妇女们在苦难生活中寻求精神寄托和心理安慰的重要对象。她们相信通过虔诚地崇拜观世音菩萨，能够得到菩萨的庇佑，减轻生活中的痛苦。观世音菩萨被认为能够满足人们的各种愿望，如保佑家人平安、帮助子女成才、赐予婚姻幸福、生儿育女等。因此，妇女们将对未来的美好期望寄托在观世音菩萨身上，通过崇拜来祈求菩萨的加持。

▲ 20 世纪 40 年代南京幕府山北麓的观音阁，紧邻长江，位于燕子矶公园西南侧

▲ 民国时期苏州石观音殿。观音殿位于虎丘景区内的千人石西、冷香阁北

宋代文学家黄庭坚《江南李后主梦观世音像赞》中写道：“补陀岩中大慈圣，沧浪石上观生死。南州么圣师子王，感梦白衣施无畏。梦回洒笔具光相，照镜还与我面同。当时若会照镜句，放下江南作闲客。”“沧浪石上观生死”，展现出观世音的神圣与对生死的洞察，将观音形象作为一个贯穿始终的核心意象，这首诗歌想象中的观音形象，既是守护女神和拯救者，又是天国女神或天国之后。观世音菩萨在佛教中是慈悲与智慧的化身，象征着救苦救难的力量。

▲ 1900 年春，上海郊区嘉定与松江去寺庙上香的老太太如同在逛集市

无数裙钗去赛神

——香客踪影

“香客”一词，与古代的宗教信仰和祭祀活动密切相关。古人对神灵有着深厚的信仰和敬畏之情，人们前往寺庙时，往往会携带香烛等物品进行供奉，以表达对神灵的敬意和祈求庇佑。“香”指香烛等祭祀用品，而“客”则表示前来的人。所以，“香客”最初就是指前往寺庙等宗教场所烧香、进香的人。在文学作品中，最早提及“香客”的是元代无名氏的《独角牛》第一折：“这早晚香客未来全哩。”此后，在明清时期如《初刻拍案惊奇》《聊斋志异》等文学作品中，也多次出现“香客”一词。随着时间的推移，“香客”一词的含义逐渐固定下来，成为去寺庙烧香的人的特定称谓。

清末及至民国时期一起结伴去寺庙的香客群体，从性别特征看，一般以女性香客较多。她们将寺庙视为精神寄托之地，常去烧香拜佛以祈求家庭平安、子女健康、婚姻幸福等，对佛教或是道教的信仰更为虔诚。一些已婚妇女会为丈夫的事业、孩子的学业前途祈福。在当时的社会环境下，女性的活动范围相对较窄，去寺庙也成为她们为数不多的可以外出参与的社交活动之一，所以女性去寺庙烧香的积极性较高。不过，缠足的女子因行动不便，去寺庙的路程，对她们来说也是极为艰辛的路途，但这也不能阻挡她们前往的脚步。当然，男性也是香客群体的重要组成部分，一些男性去寺庙是出于对宗教的信仰和敬畏，希望通过烧香拜佛获得神灵的护佑，比如祈求事业顺利、财运亨通、出入平安等。此外，也有不少男子是陪同家人，尤其是陪同家中的女性长辈或妻子前往寺庙，体现出对家人的尊重和关爱。

从年龄层次来看，香客中的老年人占比最高。老年人经历的世事较多，对人生的感悟也更深，他们往往更倾向于从宗教中寻找心灵的

▲ 清末，无论大雨瓢泼，还是大雪纷飞，都挡不住香客与信众上香礼佛的热情

▲ 1905 年，寺庙的庭院吸引中老年妇女走进，她们是进香的主客

▲ 11905 年，江南香客进香时，在寺庙周围的摊位选购陶器茶杯、念珠、熏香和其他供品

▲ 20 世纪 30 年代杭州灵隐寺的香客，一位老婆婆正坐在台阶上休息

慰藉和对生命的感悟。而且在传统观念中，老年人对神灵的敬畏之心更重，认为寺庙是神圣的地方，去寺庙烧香拜佛可以为自己积累福报，也能为子孙后代祈福。他们去寺庙的频率相对较高，一些身体硬朗的老年人还会定期前往寺庙参加一些祭祀和礼拜的活动。中年人去

寺庙的主要目的，是为了缓解生活和工作的压力。清末民国时期社会动荡不安，人们的生活面临着诸多挑战和困难，中年人作为家庭的支柱和社会的中坚力量，承担着巨大的责任和压力。去寺庙烧香拜佛成为他们暂时摆脱烦恼、寻求内心平静的一种方式。例如一些小商贩、手工艺人等在生活艰难时，会去寺庙祈求生意兴隆、生活改善。年轻人相对较少，但也有一定数量。一部分年轻人受到家庭传统和宗教文化的影响，跟随长辈去寺庙，逐渐形成对宗教的初步认识和信仰。还有一些年轻人在面临考试、求职、恋爱等人生重要阶段时，也会去寺庙祈求好运和顺利。不过，随着时代的发展和西方文化的冲击，年轻一代对宗教的态度相对较为理性和多元化，去寺庙的动机也变得不像老一辈人那么纯粹。

上层社会人士，包括达官贵人、富商巨贾等，他们也去寺庙进香，一方面是为了显示自己的虔诚和对宗教的尊重，以树立自己在社会上的形象和地位；另一方面，也希望通过宗教信仰为自己的家族和事业带来好运，寻求精神上的指导和启示。如民国奇人、国民党四大元老之一张静江，出生于浙江南浔，他曾大力支持孙中山革命，后与蒋介石也有复杂的纠葛关系。自1930年与蒋介石决裂后，移居美国，转而信佛修身。虽然他并非传统意义上典型的江南香客，但他的信仰行为以及其江南人的身份背景，让他与江南地区的宗教信仰氛围产生了一定的联系。

此外，江南香客也存在地域、城乡以及职业上的差异，农村居民去寺庙的频率较高，尤其是在一些重要的节日和宗教纪念日，城市中的寺庙会定期举办庙会等宗教活动，吸引了大量的市民前往。民国时期，啸月山人《红庙烧香竹枝词》云：“六月刚逢十九辰，香风吹遍绮罗香。堪夸大马中街路，无数裙钗去赛神。”这首竹枝词描写的是六月十九观音成道日时，上海红庙香火旺盛，众多女子前往烧香的情景，生动地展现了当时江南香客中女性群体参与宗教活动的热闹场景。

▲ 清末浙江杭州飞来峰弥勒佛造像，吸引大批香客与游人

神像庄严立庙寮

——佛道神像

江南一些古刹神庙里的佛像，讲究面相丰满，丹凤眼，嘴巴要微微带笑；而威严的神像则要求眼睛一定要逼真，给人圆睁怒目的感觉。用各种材质形塑或制作的神像，要经过多道工序才能塑形完成。颜色的选择和搭配要符合宗教的传统和审美要求，以增强神像的艺术效果和神圣感。有些寺庙的神像可能由于年代久远、损坏等原因，需要进行翻修或重塑。在翻修时，会尽量保留原有的部分，对损坏的部分进行修复；如果神像损坏严重无法修复，就可能会进行重塑。重塑的过程与新塑神像类似，但可能会参考原有的风格和特点，以保持寺庙神像的传承和一致性。

神像的制作是一种艺术创作，可以说，它融合了雕塑、绘画、建筑等多种艺术形式，具有独特的艺术风格和审美价值，是中国传统艺术的重要组成部分。它们的制作工艺和艺术风格经过了历代工匠的传承和发展，体现了中国传统文化的博大精深和艺术魅力。神像也是历史的见证者，不同时期神像的风格、材质、制作工艺等，为后世学者研究历史提供了重要的实物资料。

人们不禁要问，这些石材、木材、金属（金、银、铜等）、陶瓷、紫砂泥等神像，都是人塑造出来的，反过来，人们又要对其顶礼膜拜，这又何必？这就涉及民间信仰的问题，泥菩萨等神像虽然是由人塑造的，但其代表着神圣的宗教理念和超自然的力量，佛教里的佛像，象征着觉悟者，如释迦牟尼佛像是佛法智慧和慈悲的象征，信徒们对佛像顶礼膜拜，是把其当作连接自己和佛法高深境界的一种媒介。当信徒面对佛像时，他们能够更直观地感受到宗教教义中神圣力量的存在，从而获得精神上的寄托。

神像代表着佛教中的佛、菩萨、罗汉等神圣的存在，是信徒们信仰的对象和精神寄托。例如释迦牟尼佛像代表着佛教的创始人，观音菩萨像代表着慈悲，地藏王菩萨像代表着大愿等。信徒们通过供奉、朝拜神像，表达对佛菩萨的敬仰和缅怀之情，同时也希望得到佛菩萨的庇佑和加持。神像是信仰传承的载体，其造型、姿态和所配的法器等细节都是按照宗教经典和传统塑造的。如观音菩萨通常手持净瓶和杨柳枝，象征着她以慈悲甘露救济众生的形象。信徒通过对神像的膜拜，延续了数代人传承下来的对宗教人物及其品质的尊崇，使得宗教

▲ 民国初年上海龙华寺怒目金刚菩萨像

▲ 1900 年前后江南庙宇里的观音菩萨像

▲ 20 世纪 30 年代中期，杭州佛寺内的菩萨神像

文化能够代代相传。寺庙中的每一尊神像都蕴含着特定的教义和修行方法，提醒信徒们要按照佛教的教义去践行，如观音菩萨的大慈大悲、文殊菩萨的智慧等。

膜拜泥菩萨也能够激发信仰者内心的善念和积极向上的精神。宗教神像所代表的大多是具有美好品质的形象，如宽容、善良、智慧等。当人们对这些神像表达敬意时，他们会在潜意识里提醒自己要向

▲ 20 世纪 40 年代，上海的雕塑家正在雕塑菩萨神像

这些品质靠拢。如向弥勒佛（布袋和尚形象）表达敬意时，弥勒佛那开怀大笑的形象，会让人们联想到豁达、乐观的心态，从而在自己的生活中也努力保持乐观的心境。当一个人遭受挫折，如生意失败、家庭矛盾或者疾病困扰时，来到寺庙膜拜菩萨，他们可以在这个过程中获得内心的平静，这种行为类似于一种心理暗示，可以让信仰者获得心灵的慰藉与安抚。

清末民初文学家苏曼殊有《柬法忍》写道：“来醉茎深露，胭脂画牡丹。落花深一尺，不用带蒲团。”这首诗从侧面反映出诗人面对神像时的感悟，隐隐透露出一种对世事的超脱态度。著名的弘一法师李叔同《晚钟》诗云：“大地沉沉落日眠，平墟漠漠晚烟残。幽鸟不鸣暮色起，万籁俱寂丛林寒。浩荡飘风起天杪，摇曳钟声出尘表。绵绵灵响彻心弦，幻幻幽思凝冥杳……”弘一法师是近代著名的高僧和文化名人，他这首诗通过对钟声、暮色、神灵等元素的刻画，营造出一种庄严肃穆且带有神秘色彩的氛围，表达了对佛的敬畏和虔诚。民国时期，也有一些普通文人以竹枝词谈及佛寺神像。例如佚名作者写的竹枝词：“古寺香烟绕碧霄，神像庄严立庙寮。信众纷纷来礼拜，祈求福运把灾消。”写得很是通俗，展现了当时人们对佛寺神像的敬畏以及到寺庙祈福的场景，反映出佛教文化在当时社会生活中的影响，不仅具有一定的文学价值，也为我们了解那个时期的宗教文化和社会风貌提供了重要的参考。

行云流水一孤僧
——人间佛教

民国时期江南高僧太虚法师，1915年前后开始宣扬“人生佛教”的理念，可以看作是他创立“人间佛教”思想的早期形态，1933年太虚法师正式提出了“人间佛教”的理论体系，对中国佛教的现代化发展产生了极其深远的影响，在后来的佛教界得到了广泛的

▲ 民国时期“人生佛教”和“人间佛教”的首倡者、中国近现代佛教改革的开拓者、中国佛教世界化的推动者太虚法师（1890—1947）

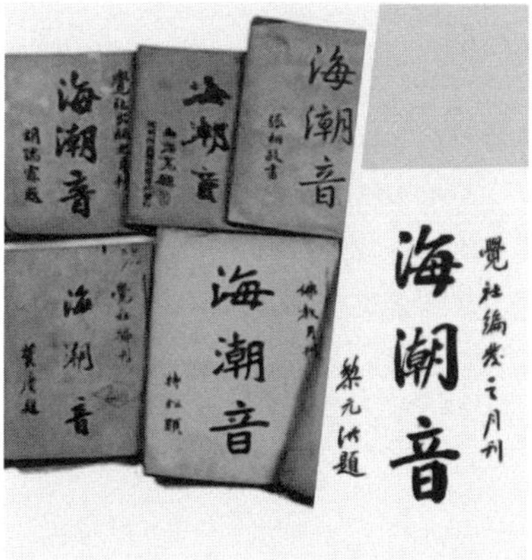

▲ 太虚法师创办的《海潮音》月刊书影

▲ 20 世纪 30 年代苏州灵岩寺的僧人，服饰粗陋，生活俭朴，一心向佛

认可，引发了隆隆回声。

“人间佛教”的根本宗旨是用大乘佛教“舍己利人”“饶益有情”的精神去积极影响社会和人类，鼓励人们从现实人生出发，不断完善人格和僧格，最终实现生命的升华，目的是将佛教从消极避世的状态引导向积极入世，让佛教在现实社会中发挥积极作用，帮助人们解决现实生活中的问题，提升人们的精神境界。通俗地说，人间佛教主要亮点有二：“以人为本”和“入世精神”。

“以人为本”，强调学佛要先从做人开始，做一个有道德、有人格的人，要求人们在日常生活中遵守道德规范，培养善良、正直、诚实的品德，遵从五戒十善，通过自我约束和修行，达到内心的平静和安宁；认为佛教应该关注人的需求和发展，尊重人的价值和尊严，它打破了以往传统佛教中对神的过度崇拜，强调了人的主体性和能动性。

“入世精神”，主张将世间法和佛法紧密结合起来，认为佛法的修行不应脱离现实生活，而应在日常生活的点滴中进行。通过将佛法融入日常生活中，使佛教更加贴近人们的世俗生活，更容易被人们所接受和理解；倡导以超脱的心态和智慧去从事世间的事业，即在参与社会事务和为他人服务的过程中，不被名利所迷惑，保持内心的清净和自在，鼓励佛教徒积极投身到社会建设中，为国家的繁荣富强、人民的幸福安康贡献力量，同时也能够在实践中不断提升自己的修行境界。

一方面这是基于明清以来，佛教内部修学体系出现严重危机、出家人的教理学习和修行实证传统在衰落的现实而提出的。许多僧人专注于经忏佛事，将修行实践流于形式，导致佛教的精神内涵逐渐被淡化，难以发挥其引导人们精神追求和心灵解脱的作用。随着佛教内部的腐化和修行风气的衰退，佛教界人才凋零，缺乏能够真正弘扬佛法、引领佛教发展的高僧大德，说明佛教的传承机制出现了问题，对佛教长远发展造成了极大的阻碍。

▲ 1929 年太虚法师（前排正中）来九华山礼谒地藏月身塔，与九华佛学院僧众合影

▲ 20 世纪 30 年代面对外敌入侵，太虚法师带领僧众成立抗敌队伍

另一方面也基于当时中国社会封建王朝的统治被推翻，国家陷入军阀混战、外敌入侵等动荡局面，民众生活困苦不堪，心灵受到极大的创伤，迫切需要精神上的慰藉和指引。传统的佛教修行方式和教义阐述已经难以适应社会的变化。人间佛教有责任和义务为人们提供精神支持。特别是西方列强的入侵，西方文化大量进入中国，良莠杂陈，对中国传统文化包括佛教产生了强烈的冲击。西方的科学思想、民主观念等与佛教的传统理念形成了鲜明的对比，使得佛教在思想理论和修行实践方面都面临着巨大的挑战。同时，基督教等西方宗教在中国的传播也对佛教的发展造成了一定的竞争压力。

清末以来，特别是民国政府和社会各界主张利用寺庙的财产和场地来兴办学校等教育机构，就是所谓“庙产兴学”运动，也使得佛教的生存空间受到严重挤压，寺庙的财产被大量侵占，僧人的生活和修行受到极大的挑战，佛教界需要寻找一种新的发展模式，以应对“庙产兴学”运动带来的危机。

太虚法师16岁出家，早年师从寄禅法师，他较早接触到康有为、梁启超的新思想，对社会潮流的观察也很敏感。特别是他目睹了战争带给人类的灾难，国家沦陷、百姓流离失所，深感佛教作为和平的宗教，理应为人类的和平做出贡献。因此，他希望通过倡导“人间佛教”，让佛教徒积极参与社会生活，为国家的建设和人民的幸福贡献力量。

太虚法师的“人间佛教”理论在一定程度上对佛教的发展产生了积极影响，然而，当时社会大环境的影响，西方文化冲击，“庙产兴学”运动的兴起，佛教内部的问题积重难返，理论传播和实践的困难以及这个理论体系本身也缺乏系统性的改革措施，确实很难从根本上扭转整个佛教衰落的颓势。正如亦僧亦俗的人物苏曼殊诗词所云：“契阔死生君莫问，行云流水一孤僧。无端狂笑无端哭，纵有欢肠已似冰。”太虚法师就像这样的“孤僧”，他的改革宏愿最终还是难以得到有效的实施和贯彻。

僧寺残钟独掩关

——僧侣剪影

对于僧人来说，人称或他们自称是“出家人”，主要是指他们离开家庭生活，放弃世俗的种种欲望和牵挂，在宗教场所进行修行的佛教信徒。佛教中，男性出家人称为“比丘”，原语是从“求乞”和

▲ 19 世纪 70 年代站在寺庙台阶上的一位苏州老僧，他身后斑驳的墙壁诉说着久远的历史

▲ 清末普陀山普济寺，常年坐在山道旁敲着木鱼的修行僧人

▲ 清末江南寺院中的方丈和僧人

▲ 晚清时期云游四方的苦行僧旧影，这些僧人眉目清俊，神情淡然

“乞士”的名词而来，意指向人乞食或乞求佛法真理。要成为正式的出家人，通常需要经过严格的出家仪式。其中，剃度是重要的环节，象征着去除烦恼和世俗的牵绊。新出家的僧人在剃度后，要学习经、律、论三藏经典，通过修行实践如坐禅、诵经、礼佛等来探寻解脱之道，还需遵守严格的戒律，这些戒律涵盖了生活的方方面面，从饮食（如过午不食）、穿着（如要着袈裟）到行为举止（如不杀生、不偷盗、不邪淫、不妄语等基本的五戒）的修行要求。

僧人的生活状态怎么样？明代理学家、教育家王阳明《僧斋》诗早就有所描绘：“尽日僧斋不厌闲，独余春睡得相关。檐前水涨遂无地，江外云晴忽有山。远客趁墟招渡急，舟人晒网得鱼还。也知世事终无补，亦复心存出处间。”说僧人在僧斋中悠闲地生活，春日里睡觉、看檐前水涨、江外云起，体现出一种宁静、闲适的氛围，悠闲自在。明代学者李因作《秋江晚泊和豫章李夫人韵》诗：“石尤风急泊沙湾，日落寒江鸥鹭闲。秋水空明千里月，荒烟暝锁万重山。樵歌野唱犹行路，僧寺残钟独掩关。潦倒篷窗愁客梦，漫披诗史手重删。”其中“僧寺残钟独掩关”一句，刻画了寺庙的寂静以及僧人在这种环境下的孤独状态，这些都是明代僧人的生活状态。

可是，清代的寺僧生活就不一样了。清道光年间，苏州寒山寺住持过生日，寺里准备素汤面招待僧侣和来访者。厨师在寺后园发现两枚鲜艳发紫、大径尺的蘑菇，便采来调羹浇面，结果素面被端出去后，厨师忽然头晕倒地，不省人事。第二天一早，香客发现寺内从住持、僧侣到平民来客共140多人全部殒命。后来衙役在厨房发现了昏厥才醒的厨师，经调查，众人明白是毒蘑菇导致了这场悲剧。县令带人在寺后园又找到了两枚大如扇、鲜艳无匹的蘑菇，并在地下发现两个蛇洞，里面有“赤练蛇大小数百尾”，怀疑“蕈乃蛇之毒气所嘘”，最后下令用一把火将洞穴和蘑菇一举焚之。此次事件让寒山寺元气大伤，多年后才慢慢恢复。

到了清末民初，僧人的命运与生活状态就呈现出与世俗社会同步的复杂多样的状态。首先是寺院的经济力，江南一些历史悠久、名气较大的古刹，香客众多、香火旺盛，经济状况相对较好，但那些规模较小、知名度不高的寺庙，经济状况就比较艰难了，小庙香客稀少，香火钱收入微薄，仅能勉强维持僧人的温饱。僧人们经常面临缺衣少食的困境。他们的居住条件也较为简陋，寺庙的建筑可能年久失修，生活环境较差。

在修行功课方面，如早晚课诵、坐禅、念佛等，许多僧人一心向佛，致力于对佛法的学习和领悟，希望通过修行达到心灵的解脱和境界的提升。但也有一部分僧人在动荡的社会环境下，受到世俗名利的诱惑，开始追求物质享受，违反佛教的戒律。一些僧人可能会偷偷参与世俗的经济活动，甚至出现敛财等不良行为。对日常的功课敷衍了事，宗教信仰逐渐淡薄。传统的社会，僧人作为佛教的传播者和修行者，也受到一定程度的尊重，一些德高望重的僧人，在社会上具有较高的声望，在遇到天灾人祸或社会危机时，僧众群体会积极参与慈善救助活动，为百姓祈福、施粥等，赢得了民众的赞誉和尊重。但进入民国后，随着社会的变革和西方文化的冲击，佛教的地位也受到了影响。

社会的动荡和战乱也使得寺庙和僧人经常受到外界的干扰和侵犯，部分僧人在古刹中过着相对平静的生活，也有不少僧人在这一时期遭遇了各种不幸，日寇侵华期间，江南地区的许多寺庙遭到日军的轰炸和破坏，僧人们失去了赖以生存的家园。还有的僧人因为疾病、饥饿等原因过早离世，生活十分悲惨。整个清末到民国，江南僧人化缘艰难，出现了诸多因战乱百姓自顾不暇，且有人冒充僧人行骗致信任缺失之类的情况，加之交通不便、天气恶劣，寺庙破败、常露宿荒野，僧人居无定所，只能乞讨化缘度日，因化缘所得有限，又禁食荤腥，饮食匮乏，生活十分悲苦。

▲ 民国时期江苏镇江句容市的一位监督者在监督检查候选职位僧

▲ 清末江南寺庙里的尼姑，正在寺外溜达

▲ 民国时期南京一座尼姑庵里的师太

独坐黄昏谁是伴
——尼姑素描

“尼姑”是中国对比丘尼的俗称。比丘尼是梵文“Bhikkhuni”的音译，意译为“乞士女”“除女”或“薰女”，指年满20岁，受过具足戒的女性佛教徒。

清末民国时期，女子出家为尼的原因较为复杂，一部分人可能是生活所迫，经济凋敝，百姓生活无着，对于一些贫困家庭的女子来说，出家为尼可能是一种生存选择，寺庙能提供基本的食宿，使她们不至于忍饥挨饿、流离失所。在家庭无法负担其生活的情况下，进入寺庙寻求庇护和生计。也有一部分是人生遇到了重大变故，如亲人离世、婚姻不幸、家族没落等，意外打击令女子感到心灰意冷，从而选择出家，有的女子经历了丈夫早逝、子女夭折等打击，对尘世失去了信心和眷恋，便选择遁入空门。

但也有不少是坚定的佛教信仰者，从小受到佛教思想的熏陶，对佛教教义有深刻的理解和认同，内心有着强烈的宗教信仰和修行追

▲ 民国时期尼姑庵里的尼姑在清修，学文化，青灯古佛为伴，粗茶淡饭为食

求。她们认为出家为尼是一种实现精神追求、解脱人生苦难的方式，希望通过修行达到心灵的平静和超脱，也有一些女子在经历了生活的磨难或人生的思考后，对佛法产生了感悟，认为佛教的教义能够给予她们精神上的指引和安慰，于是自愿选择出家，她们大多是有一定文化素养的女子，在阅读佛教经典或接触到佛教修行者后，受到启发而决定出家。

民国时期战乱不断、政治腐败、社会秩序混乱，人们的生命和财产安全得不到保障。在这种社会环境下，寺庙相对来说是一个较为安静、安全的地方，一些女子为了躲避战乱和社会动荡，选择进入寺庙出家。尽管民国时期女性地位有所提高，但传统的封建思想仍然根深蒂固，女性在社会和家庭中仍然面临着诸多限制和压迫。对于一些无法在世俗社会中获得自由和尊严的女子来说，出家为尼可能是一种摆脱束缚、追求自由的方式。

总的看来，要有具体的分析，不能一概而论、以偏概全。其实，妙龄女子削发为尼，在一般俗人看来不可思议，其实这种事自古就有。相传南宋时就有美貌的尼姑与才子之间引发的故事，才子张孝祥偶遇美丽动人的尼姑陈妙常，倾慕其美貌写下了这样一首词：“误入蓬莱仙洞里，松荫禅房睹婵娟，花样年华最堪怜；瑶琴横几上，妙手拂心弦。云锁洞房归去晚，月华冷气侵高堂，觉来犹自惜余香；有心归洛浦，无计到巫山。”女尼陈妙常不为所动，也用一首词回应：“清净堂前不卷帘，景幽然；湖花野草漫连天，莫胡言。独坐黄昏谁是伴，一炉烟，闲来月下理琴弦，小神仙。”男子说“花样年华最堪怜”，女尼说“闲来月下理琴弦”，如同“小神仙”一般，表现出陈妙常作为尼姑的清净心境以及对张孝祥的拒绝。

民国时期寺院里的尼姑同样是一种复杂的存在，她们大多数是虔诚的修行者，真心向佛，严守佛教戒律，如禁食荤腥、不杀生、不妄语等，坚持日常的诵经、打坐等修行功课，追求内心的平静和解脱。她们以修行佛法、弘扬教义为己任，过着清苦的修行生活，是佛教信仰的坚定实践者。有些尼姑秉持佛教的慈悲精神，在艰难的社会环境下，尽自己所能帮助周边的贫苦百姓。她们会参与一些慈善活动，如施粥、赠药等，为民众提供一定的物质帮助和精神慰藉。相当一部分

▲ 民国时期一位作揖膜拜的尼姑

▲ 20 世纪 30 年代的九华山翠峰寺，正在做法事的尼姑

尼姑艰难求生，一些寺院因战乱、灾害等原因遭到破坏，变得破败不堪，无法为尼姑提供稳定的居住场所。尼姑们可能需要四处流浪，寻找可以栖身的地方。

晚清时期蒋介石的生母王采玉曾经为尼。图为她还俗后与儿子在一起的合影

当然，还俗的尼姑也是大有人在。清末民国时江南有个叫王采玉的女子，她先是削发为尼，后又从尼姑还俗，具有传奇般的经历。王采玉原名王彩玉，浙江省宁波市奉化区溪口镇葛竹村人。她出生在溪口王氏，18岁时曾嫁给在当地做长工的竺某，婚后生有一子，但儿子不久夭折，丈夫也死于时疫。父亲亡故后，接连失去亲人的痛苦，让王采玉心灰意冷，萌生了遁入空门，寻求精神解脱的想法。王采玉回到娘家，做工帮扶母弟。大约在1882年至1885年间，王采玉去金竹庵为尼姑。后来，在堂兄王贤东的介绍下，23岁的她还俗再嫁给溪口玉泰盐铺的老板蒋肇聪，成为其继室。王采玉与蒋肇聪先后生下蒋瑞元（即蒋介石）、蒋瑞莲、蒋瑞菊、蒋瑞青四个子女。王采玉一生两度孀居，历经了30多年的劳苦和艰辛，她将大部分精力用于对儿子蒋介石的培养。

第二章

道教文化与传统民俗传承

清末民国时期江南的道教文化与传统民俗呈现紧密融合的特点。江南地区道教宫观众多，如龙虎山等在道教中具有重要地位，吸引着众多信徒前往朝拜。同时，江南有不少道士群体，他们有的在宫观中修行，有的则游走于民间。道教的斋醮仪式在江南较为盛行，这是一种通过特定的仪式和程序来祈求神灵庇佑、消灾解难、超度亡灵等的宗教活动。此外，道教的符咒、法术等也在民间有一定的影响力，部分民众会寻求道士的符咒来辟邪、治病等。

道教文化与江南的民间信仰相互融合。主要表现在：一方面，江南的一些民间神灵信仰被纳入道教的神谱体系，如城隍神、土地神等，在道教的宗教仪式中被供奉和祭祀；另一方面，道教的教义和信仰观念也渗透到民间信仰中，影响着民众的价值观和行为方式。扶乩信仰，亦称“扶箕”，是江南民间道教的一种特殊信仰形式。清末民国时期，江南的一些文人、士绅等群体对扶乩活动较为热衷，通过扶乩，即占卜问疑，来探讨人生、社会等问题，扶乩信仰在一定程度上成为江南文化的一部分。

江南民众在岁时节令中有许多与道教相关的民俗活动。如春节时人们会到道教宫观烧香祈福；正月初九是“玉皇大帝圣诞”，这一天道观会举行盛大的法会，民间也会有相应的祭祀和庆祝活动；七月十五“中元节”，道教和民间都会举行祭祀祖先和超度亡灵的仪式。在江南的传统婚俗中，部分仪式和习俗也受到道教文化的影响。比如，在婚礼前，有些家庭会请道士选择良辰吉日；在婚礼现场，可能会张贴一些道教的吉祥图案或符咒，以求婚姻美满、幸福长久。在丧礼方面，道教的超度仪式也较为常见，人们会请道士为逝者超度亡灵，让其安息。

有许多民间祭祀活动与道教有关。除了城隍庙的祭祀活动外，还有对土地神、灶神等神灵的祭祀。这些神灵在道教的神谱中都有一定的地位，在祭祀活动中，人们会准备祭品、举行仪式，祈求神灵保佑家庭平安、丰收等。

江南的传统建筑和风水观念也与道教文化有密切联系。在建筑布局上，一些建筑会遵循道教的风水理论；在建筑装饰上，会出现一些道教的图案和符号，如太极图、八卦图等，这些图案和符号不仅具有装饰作用，还蕴含着一定的文化意义。

▲ 1870 年宁波的一处道观

道人闲坐讲经处
——道教宫观

江南地区的道观，是道教文化传承的重要场所。道士们通过口传心授、经典传承等方式，将道教的教义、经典、法术、仪式等文化遗产传承下去。同时，道观还收藏了大量的道教经典、文物、碑刻等，这些都是研究道教文化和江南地区历史文化的重要资料。清末民国时期，江南有一些较为著名的道教宫观，略举几例：

苏州玄妙观，位于苏州市观前街，始建于西晋咸宁二年（276），是江南一带历史悠久、规模宏大的道教宫观。历经多次修缮和扩建，在清末民国时期已经成为苏州的重要文化地标之一，其建筑布局严谨，气势恢宏，拥有三清殿、弥罗宝阁等主要建筑。三清殿供奉着道教的最高神三清（元始天尊、灵宝天尊、道德天尊）。玄妙观周边还有热闹的商业街区，形成了独特的宗教与商业相结合的文化氛围。

杭州抱朴道院，坐落于杭州西湖边的葛岭山上。相传东晋时期著名道士葛洪曾在此炼丹修道而得名。抱朴道院始建于唐代，抱朴道院依山而建，环境清幽，景色秀丽，建筑风格兼具江南园林的精致与道教建筑的庄重，有葛仙殿、红梅阁、抱朴庐等建筑。在清末民国时期，抱朴道院吸引了不少文人墨客、道教信徒前来参观、朝拜和修行。

▲ 1880 年的上海白云观。原名雷祖殿，清同治十二年（1873）初建于上海北门外的新桥

南京朝天宫，明代曾是朝廷举行祭祀、礼仪等活动的重要场所，后来逐渐演变为道教宫观。清末民国时期，朝天宫在南京地区具有较高的知名度和影响力。朝天宫的建筑规模宏大，气势磅礴，拥有大成殿、崇圣殿等主要建筑。在当时，朝天宫不仅是道教的活动中心，也是南京市民进行文化活动、休闲娱乐的重要场所。

上海白云观，它是上海道教全真派的主要道观。其历史可以追溯到清代末年，当时全真派道士徐至成在上海创办了这一道观。建筑风格上，白云观具有典型的中国传统道观建筑特色，红墙黑瓦、飞檐斗拱，内部殿堂庄严宏伟。观内供奉着道教的诸多神祇，如三清、玉皇大帝等。在清末民国时期，这里经常举行道教的法事活动、讲经等，吸引了众多信徒和民众前来参与。

湖州东岳庙，位于浙江省湖州市。东岳庙供奉的是东岳大帝，在道教神谱中具有重要地位。清末民国时期，湖州东岳庙是当地道教活动的重要场所之一，香火旺盛。庙内建筑庄重古朴，有大殿、配殿、钟楼、鼓楼等建筑。每年的农历三月二十八是东岳大帝的圣诞，此时东岳庙会举行盛大的庙会活动，吸引着周边地区的众多民众前来参加，成为当地的一项重要民俗活动。

这些道教宫观在清末民国时期的江南地区，都具有重要的宗教、文化和历史地位，对当地的社会、文化和民众生活产生了深远的影响。当时有文人作竹枝词云：“道观清幽古木森，香烟袅袅绕山林。

▲ 1905 年苏州玄妙观弥罗宝阁

▲ 至今已有 1700 多年历史的玄妙观素有“江南第一古观”之称。图为 1914 年的苏州玄妙观

▲ 1938 年江苏宿迁马陵公园玉虚观，建于 1933 年，玉虚观又叫真武庙

道人闲坐讲经处，静听松风送梵音。”“宫观巍峨立水乡，江南烟雨韵悠长。信徒朝拜心诚笃，祈福平安岁月康。”这些诗句描绘了江南道教宫观的清幽环境，古木参天，香烟缭绕，道人讲经的场景，以及道教宫观在江南水乡的独特地位，巍峨的建筑与江南的烟雨相得益彰，也反映出江南地区道教文化与民众生活的紧密联系。

道观在江南具有影响力，很大的成分在于它成为江南地区民众社交的重要场所之一。人们在道观中不仅可以参与道教仪式活动，还可以与其他信徒、道士进行交流、交往。一些道观还会定期举办庙会、法会等活动，吸引了大量的民众前来参与，为人们提供了一个社交、娱乐的平台。道教注重养生和医学，其养生理念，如“顺应自然”“清心寡欲”“动静结合”等，在江南地区得到了广泛的传播和推广。太极拳、气功等养生功法，就是在道教养生理念的基础上发展起来的。

道教文化的神灵信仰和宗教仪式，对江南地区的传统节日习俗产生了深远的影响，道教的一些神灵，如城隍神、土地神以及民间的各种神灵等，也成为民间信仰的重要对象，人们会在特定的节日或纪念日对这些神灵进行祭祀和庆祝，道士们的诵经、祈福、驱邪等仪式，道教所宣扬的因果报应、善恶有报、修仙长生等观念，为民众提供了一种精神上的寄托和希望，道教的斋醮、法会等宗教仪式，不仅是道教信仰的重要表达形式，也是当地民众的重要文化活动。

一琴一剑一杯茶

——道士群像

道士是道教神职人员的称谓，他们信仰道教教义，以道为事。在传统观念中，道士要经过严格的宗教仪式如传度、授箓等才能获得相应的身份认可。传度是正一道弟子成为道士的一个重要仪式，象征着正式入道；授箓则更为复杂，被认为是道士获得法职的仪式，能使道士名登天曹，有了代天行化的权力。

▲ 民国时期，一位已经年迈的老道士，手里捧着宝葫芦

▲ 1917—1919 年杭州道观里的道士

▲ 1900 年江南道观里的道士和道姑，装扮和现在大有不同

道士有出家道士和居家道士的区分，出家道士居住在道观等宗教场所，全身心投入宗教修行和道教事务，他们遵循道观的清规戒律。例如全真派道士大多为出家道士，要求出家住观，不娶妻，不茹荤，不饮酒，其生活方式与寺院中的僧人有一定相似性。居家道士（正一道士为主）可以享受世俗生活，他们可以结婚生子，平时也会从事世俗职业，但会在宗教活动期间（如斋醮等）履行宗教职责。清末民初文人白玉蟾通过对道士的生活、形象或宗教行为的观察和感受写下了《道情》诗云：“白云黄鹤道人家，一琴一剑一杯茶。羽衣常带烟霞

色，不染人间桃李花。”这首诗生动地刻画了道士的形象和生活状态，将道士的居所、物品以及其超凡脱俗的气质表现得淋漓尽致，展现出一种道家的逍遥自在和对世俗的超脱。

▲ 1902 年上海码头上的赤脚道士

道士需要学习和掌握丰富的道教经典知识。这些经典包括《道德经》《庄子》《抱朴子》等诸多著作。《道德经》作为道教的核心经典，道士要深入领会其中“道”的哲理，以及老子对于自然、社会、人生等诸多观念的阐述。《抱朴子》则包含了大量的神仙方术、炼丹等内容。道士通过学习这些经典，了解道教的哲学思想、修炼方法等诸多方面。除此之外，他们还需要精通道教的科仪。所谓“科仪”，是道教进行宗教活动的仪式规程，如斋醮仪式。“斋醮”是一种设坛祭祷的仪式，道士要通过诵经、礼拜、奏乐等多种形式沟通神灵、祈福禳灾。在斋醮仪式中，道士们各司其职，高功道士要唱经、步罡踏斗等，通过特定的动作和咒语来传达宗教意图。

▲ 1941 年许多道门中人纷纷下山参加抗战，虽是出家人，却入红尘中

清末民初，苏州玄妙观出了一个叫施道渊的传奇道士，施道渊，字亮生，别号铁竹道人。童真出家，为苏州朝真观道士。他遇异人传授法术，道法高深。传说他能呼风唤雨、祛邪治病，在当地颇有名望。当时苏州地区的百姓若有疑难杂症或遭遇邪祟之事，常常会去玄妙观请他帮忙。他还积极参与玄妙观的修缮与建设，为道观的发展做出了重要贡献。民国时期，杭州福星观的道士积极参与社会救助活动。当时社会动荡，百姓流离失所，福星观的道士们将道观作为难民收容所，为大量难民提供食物、住所和医疗救助，展现出了慈悲为怀的精神和爱国爱民的情怀。福星观的道士们日常修行严格，坚持诵经、打坐、习武等。其中有一位高功道士，修炼内丹之术颇有心得。据说他能够通过内观冥想达到心灵的平静和身体的康健，其修行方法和精神境界受到其他道士的敬仰和学习。

道士是道教经典的守护者与阐释者、道教仪式的主要执行者，还是道观等场所向信徒和游客传播道教文化的传播者。古代，许多道观都有藏经阁。道士们精心维护这些经典文献，并定期整理这些典籍，防止其损坏。他们严格按照传统的科仪规范进行斋醮、诵经等仪式活动。斋醮仪式蕴含着丰富的道教文化内涵，从仪式的布局、法器的使用到咒语的念诵等都有严格规定。道士们在举行仪式时，传承了这些仪式流程和其中所包含的宗教文化元素。他们通过讲学、注疏经典等方式，将道教经典中的深奥哲理传授给信徒和后人。他们还通过参与社会文化活动来传播道教文化。在一些国际文化交流活动或者民俗文化活动中，道士们会展示道教的武术、音乐等文化形式，在道教仪式中，通过复杂的仪式程序祈求国泰民安、风调雨顺，其中涉及的仪式步骤、舞蹈动作（如步罡踏斗）等都是道教文化的重要载体。

民国时期道观里的道士，会根据社会环境和信徒需求，对仪式的形式和内容进行适当调整。一些道观会向社会大众展示斋醮仪式的过程，让更多的人了解道教仪式文化，同时也吸引年轻人关注道教文化，从而促进其传承，让更多人了解到道教文化的博大精深。

生恩万姓戴城隍

——城隍信仰

“城隍”一词的出现，最早可追溯到《易经·泰卦》中的“城复于隍”，其原文在上六爻辞为“城复于隍，勿用师。自邑告命，贞吝”，东汉班固《两都赋序》中也有“京师修宫室，浚城隍”的记载。这里的“城隍”原是指保护人民身家安全的城墙和护城河等防御设施，是对城市物理防御实体的指代。

古代社会，“腊”本是一种祭礼，古书上记载称“大腊”。在商代，人们每年用猎获的禽兽举行春、夏、秋、冬四次大祀，“大祀”就是祭祀祖先和天地神灵，其中“冬祀”的规模最大，也最隆重，后来人们将冬祀称为“腊祭”，农历十二月称为“腊月”，人们把举行冬祀祭礼这一天称为“腊日”。周礼对腊祭做出了规定，城隍神据传由《周礼腊祭》中八种人间地神之一的“水庸”演变而来，“水”即隍，“庸”即城。最初城隍是作为城池的自然保护神被人们所信仰，随着时间的推移，其神格逐渐被赋予了更多的神性和职能，完成了从自然神到守护神的转化。

城隍信仰的形成，离不开三股力量的推动：其一，道教的兴起对城隍信仰的形成和发展，起到了重要的推动作用。自唐代以来，几乎所有的大型道教仪式中，均会请城隍，或在法事中开列城隍的法位，道士还为城隍信仰布设了专门的科仪和经卷。道教将城隍视作中层官员，对下统摄地方上的土地公，向上服从于东岳大帝（总管冥界之神）以及更高一级的天庭至尊玉皇大帝，这一体系的确立使得城隍信仰在道教的宗教体系中有了明确的地位和角色。其二是官方的认可。唐代，全国各地普遍建起了城隍庙，城隍神的社会职能也由原本的护城神，逐渐扩大到驱灾除患、扬善惩恶、督官慑民，成为保障人们生命与财产的全能神明。到了宋代，城隍被列入国家祀典，官方的认可和推崇，进一步加强了城隍信仰在民间的影响力。其三则是人格化的演变。为了让城隍信仰更贴近民众，城隍神逐步人格化。各地城隍一般多由历史上的忠良贤达或者对开化民智、提高民生有很大贡献的君主及官员担任。比如，上海城隍是秦裕伯，苏州城隍是春申君黄歇，杭州城隍

▲ 上海历史上最早的城隍庙是淡井庙，城内居民祭拜城隍神多是前往此处祭拜松江府城隍神

▲ 1905 年上海城隍庙前留声机的街头表演，吸引了许多看客

▲ 1908 年上海城隍庙内部情景

在明代以后被认为是浙江按察使周新等，这些历史人物的事迹和精神被人们传颂和敬仰，这使得城隍信仰更具人性化和亲和力。

道教文化丰富了城隍信仰的特色，使它成为充满人性的一个神祇，不同于其他神灵不食人间烟火，城隍神还保有许多生前的特质，并且与人世间的地方官一样，只不过它是掌管另一个世界——阴间。城隍还有等级之分，明清时分为都城隍、府城隍、州城隍、县城隍等。在一些宗教文物馆中，城隍的图像中常有两把大红的椅子并列的图景，说明城隍老爷可以携家带眷来城隍庙任职，在后殿有城隍爷与夫人并坐。有些在世时未娶妻或是丧偶的城隍，偶尔也有城隍娶妻的故事。清末张春华《沪城岁事衢歌》云：“连朝庙祝霁风光，镇日喃喃奠酒浆。二百年来香火远，生恩万姓戴城隍。”这首竹枝词生动地描绘了上海城隍庙香火旺盛、民众虔诚祭拜的场景，体现出城隍信仰在当地的深远影响。秦荣光《上海县竹枝词》：“庙旧金山神主祠，脱沙霍像古传遗。明初改奉城隍祀，忠孝为神我相宜。”这首竹枝词讲述了上海城隍庙的历史变迁，从最初的金山神主祠到后来改为祭祀城隍，也反映出人们对城隍神的尊崇。

清末民初，中国社会经历了巨大的变革，西方文化的传入和近代化的进程对传统的城隍信仰产生了一定的冲击，一些知识分子开始对城隍信仰提出疑问，认为这是封建迷信的产物。然而，江南地区的许多普通民众对此并不买账，城隍信仰仍然非常普遍，城隍庙的香火仍然很旺盛。普通民众会前往城隍庙祈福、求签、许愿，祈求城隍神保佑平安、健康、丰收等。每逢初一、十五以及城隍神的诞辰等特殊日子，城隍庙更是人头攒动，信众们纷纷前来烧香祭拜。上海、南京、杭州等城市的城隍庙，一直

▲ 民国初年南京高淳民众参加城隍祭祀活动的影像

▲ 1944 年的苏州城隍庙

是当地的重要宗教场所和民众的精神寄托之地。城隍庙周边逐渐形成了繁华的商业街区，由“庙会”而“庙市”，由于城隍庙的人流量大，吸引了众多商贩聚集，各种店铺、摊位林立，形成了热闹的商业氛围。商业活动与城隍信仰相互促进，使得城隍庙成为城市的经济和文化中心，甚至成为城市的地标性建筑。

月老将缘一线牵

——月老神话

鲁迅《致许寿裳》里说：“中国根柢全在道教。”鲁迅大概是从民间信仰这个角度对道教文化作出了这种评价。道教是一种多神教，沿袭了中国古代对于日月、星辰、河海、山岳以及祖先亡灵都有奉祖的信仰习惯。它的一整套神灵教义，实际上都来自中国的民间信仰，经过道家代表人物的系统整理改造，形成了一个包括天神、地祇和人鬼的复杂的神灵系统。

据说，这个“月老”是道教尊奉的专管人间婚姻的神仙，也叫作“月华真君”“月下老人”。他将红绳系在有缘分的一对男女脚上，这对男女必定会成为夫妻，所谓“千里姻缘一线牵”。难怪近代许多文人创作了无数吟咏“月下老人”的诗词，如一首《感月老牵缘》：“月老将缘一线牵，情丝暗系意绵绵。红尘多少痴儿女，得遇良人共枕眠”，表达了对月下老人牵线搭桥促成美好姻缘的感慨，认为世间的痴情男女能够遇到合适的人共结连理，都是月老的功劳。还有竹枝词《赞月老》：“银发慈颜月老仙，姻缘簿上系红缘。人间多少相思泪，化作鸳鸯比翼翩。”此诗描绘了月老的形象，白发银须、慈眉善目。他在姻缘簿上系上红绳，让人间的有情人终成眷属，相思之苦最终化为甜蜜的爱情。

▲ 传说中为人说媒牵线的月老神。源自清末民初流传的风俗画集

在唐宋传奇、志怪小说里，月老都是用一根红线牵男女姻缘的，过去待字闺中的妙龄女子为了祈求美好姻缘，会去道观月老殿，求来戴在手上。手系红线也表明自己正待嫁求偶，传统讲求含蓄美，情人的恋情常被寓意为天命注定的缘分，这寄托缘分的事物，当然是传说中的红线了。

▲ 月老，别名柴道煌，民间又称月下老人、月下老儿，道家文化说他是主管婚姻的红喜神，也就是媒神，是天庭的一位上仙

道教除了一整套义理之外，还有很多法术——占卜、扶乩、求签、符咒、祈梦等，堪称道教法术“五大件”。就说这个“求签”，原是民俗信仰的一种形式，诉诸信仰的东西，是无法用理性去推断的。古人对于不确定的东西，不知怎么决断，那就用“搏一记”的方式来决定。道家吸纳了这种方式，变成求签的法术。当然，求签不仅限于道观，佛教寺庙也是人们常去求签的地方，也许去道观求签的人更多一些。吕祖庙、关帝庙、城隍庙等都是笃信神启的人常去求签的地方。所以从求签的神庙来看，道教系统居于主导地位。这大约是由于不少民俗信仰受到道教文化影响的缘故。

道教文化认为，“道”是宇宙万物的本原和主宰，世间万物的发展都遵循着“道”的规律。月下老人的传说中，男女的婚姻是由月老依据“婚姻簿”用红丝线系足而定，姻缘命定、无法更易的观念与道教的命定思想相契合。这种命定观在一定程度上满足了人们对于婚姻神秘性的解释和对美好姻缘的期待，也符合道教对于世间万物因果关系的理解。道教还讲究阴阳平衡、和谐统一。在婚姻关系中，男女结合也是阴阳互补的体现。月下老人作为牵线搭桥的角色，促使男女双方结为夫妻，符合道教对于阴阳和谐的追求。月老的存在使得婚姻这种阴阳结合的关系得以顺利实现，从一个侧面体现了道教的阴阳哲学观念。

唐代传奇小说中出现过专司婚姻之神——月下老人。出自唐代李复言《续玄怪录·定婚店》，大致说的是一个叫韦固的青年月夜路过宋城，遇上一位老人倚靠布囊坐于阶上，借着月光翻检婚姻簿子。老

▲ 民国时期，上海男女谈婚论嫁挑选吉日良辰时，有人会先到大境阁求神祭拜，大境阁由此得名“月下老人祠”

人布囊中装有红丝绳，说是男女双方，无论他们远隔天涯海角，还是世代仇敌，只要系上了红绳，谁也摆脱不掉。韦固不信，问道：“我的妻子现在在哪里呢？”老人说你的妻子就是菜场卖菜的陈婆子的女儿，说完飘然而去。此后韦固几经周折，直到14年后，步入中年，才和刺史黄泰的女儿结了婚，而刺史黄泰的女儿正是城南卖菜陈婆子的女儿。

月老被纳入道教神灵体系后，在道教庙宇中受到供奉，使得月老的信仰借助道教庙宇的影响力得到了更广泛的传播。人们在前往道教庙宇祈福、参拜的过程中，也会向月老祈求婚姻美满，从而进一步加深了月老信仰与道教文化的联系。在一些道教的传说和故事中，也会涉及婚姻、姻缘等内容，这与月下老人的职能有一定的相关性。这种文化上的相互渗透和影响，使得月下老人的信仰在道教文化的氛围中不断发展和传承。

一对青年男女的遇见，有太多的偶然性，真有月老手里的一根红线牵着人间的姻缘吗？从科学的角度来看，自然很可怀疑，但是在科学尚不发达，人们对婚姻等寄托着无可名状的期待的时候，月下老人这一形象自然被赋予了各种美好的想象。直到今天，科学昌明，道教文化的影响力在衰退，但人们说起婚姻，仍然期待着有月下老人能够在自己和意中人之间系上那根神秘的红线。

▲ 三元宫坤道院月老神像的摆件

▲ 江南民间传说中，专管男女婚姻的红喜神在民间影响很大

▲ 清代文昌帝君像图轴

▲ 1870 年上海嘉定孔庙宾兴桥、文昌阁

北门学士江南归
——文昌宫阁

江南传统的古城，几乎每座城市都有文昌宫或者文昌阁，这与道教神灵信仰体系的融合有关。“文昌”，本是天上的星名，在古代被认为是主持文运功名的星宿。后来与蜀中的梓潼神张亚子相融合，成为了道教与民间所信奉的文昌帝君。张亚子原本是蜀地的地方神，经过唐朝皇帝的崇拜，逐渐从地方神成为天下通祀的大神。到了宋元时期，文昌帝君的信仰得到进一步的强化和推广，被道教纳入其神灵体系，成为道教所尊崇的神祇之一。道教认为“文昌明，文运将兴”，文昌帝君掌管文昌府事及人间禄籍，能保佑人考运亨通、官秩高迁、智慧聪明、文思敏捷。

在道教的影响下，江南各地的许多文昌宫、文昌阁的设立，都由道教人士主持修建。历史上，道教在社会中具有一定的影响力，道教的宫观建筑众多。文昌宫、文昌阁作为祭祀文昌帝君的场所，有些就

▲ 江苏泰州文昌阁始建于较早时期，历经多次修葺，1941 年被汪伪军队拆除

建在道教的宫观之内或者与道教的建筑相邻，成为道教建筑体系的一部分，在一些地方，道教的道士也会参与文昌宫、文昌阁的管理和祭祀活动。

文昌宫、文昌阁最主要的职能是护佑人们的文运和功名。旧时江南诗词中，文昌帝君被视为主管文运的星宿，是文化和文学的守护神。江南地区的文人期望通过科举考试获得功名，而文昌帝君则被视为掌握他们文运的神灵，他们相信有文昌帝君的庇佑能够带来好运，使他们在科举中脱颖而出。明代石宝在《送静学先生南还》中提道："文星夜半属紫薇，北门学士江南归"，这里的"文星"即文昌帝君，有时也俗称"文曲星"。各地的文昌宫、文昌阁往往是当地的文化中心之一，吸引了众多文人墨客前来进行学习与交流，文昌宫、文昌阁还会收藏和展示与文化、教育相关的文物、书籍等，为江南文化的传承提供了物质基础。

▲ 20 世纪 40 年代扬州市中心的文昌阁，至今存留

▲ 20 世纪 30 年代，位于上海与苏州之间的文昌阁，高三层，十分精致。建于吴淞江畔

江南的文昌宫、文昌阁也祭祀文魁星，而江南文庙中一般都有魁星楼，两者到底是什么关系？可以说既有联系，又有区别，两者都源于中国古代的星宿崇拜和传统文化中对文运的重视，且与文运相关，魁星是中国古代神话中所说的主宰文章兴衰的神，被认为能左右文人的文运，古人也常用"文魁"来指代文章写得好、在科举考试中取得优异成绩的人，并且在一些语境下也与主管文运的神灵概念相关联。所以从对文运的影响这一角度来说，两者有一定的相似性。

若说两者的区别，则有很大的不同。魁星是一个具体的神话人物形象，有其特定的外貌特征和象征意义。传说中魁星面目狰狞，金身青面，赤发环眼，头上还有两只角，右手握一管大毛笔，称朱笔，左手持一只墨斗，右脚金鸡独立，脚下踩着海中的一条大鳌鱼的头部，意为"独占鳌头"。他是道教中主司文运的神祇，经过长期的文化演变和民间信仰的塑造，成为读书人祈求文运的主要神灵之一。而道教系统中的文昌帝君，并不是一个像魁星那样有着明确、固定形象的独立神灵，“文魁”更像是一种对文学成就高、在科举中表现出色的人的赞誉或称呼，在某些情况下也可能是对具有文运庇佑能力的一种较为宽泛的概念表述，但它不像魁星那样是一个被广泛认可和具体崇拜的神的形象。

文昌阁主要供奉的是文昌帝君，是道教和民间尊奉的掌管士人功名禄位之神；而文庙，又称“孔庙”“夫子庙”，是祭祀中国古代思想家、教育家孔子的祠庙建筑，同时也祭祀孔子的弟子以及历代儒家先贤先儒。道教系统里的文昌帝君在道教神灵体系中具有较高的地位，被视为文教之神；而文庙奉祀的魁星，则是主宰文章兴衰的神灵，被视为读书人在文章写作方面的守护神，魁星或写作奎星，只是在儒士学子心目中具有特殊的地位，相较于文昌帝君，其职能相对更侧重于文章的兴衰和科举的成败。魁星信仰在宋代开始盛行，成为封建时代读书人除文昌帝君之外崇信更甚的神。

就建筑形制来看，文昌宫专门用于祭祀文昌帝君，一般具有较为庄重、严肃的风格，许多地方的文昌宫会与其他文教建筑或宗教场所相邻，形成一个文化氛围浓厚的区域；而魁星楼，大抵是在文庙或学宫等教育场所内或附近建造的建筑，形式较为独特，具有高耸的特点，以象征魁星的高高在上和文运的高远。

万化参差谁信道

——修行炼养

道家被认为是最注重修行的，这种修行表现在人的“心性”与“身体”两方面，从哲学上来看，道家的核心思想是“道”，道是宇宙万物的根源和本质。道家修行者认为通过不断地修行，可以更好地理解和感悟道，达到与道合一的境界。这种对宇宙万物本质的探索和追求，促使道家修行者不断地进行自我修炼和提升。例如老子在《道

▲ 民国时期江南修行与苦炼一生的老道士

德经》中这样说道：“有物混成，先天地生。寂兮寥兮，独立而不改，周行而不殆，可以为天地母。吾不知其名，字之曰道，强为之名曰大。”这体现了道家对道的尊崇和探索。道家有自己的道德准则，积德行善是修行的重要途径，通过帮助他人、救济贫困、保护环境等行为，积累功德，提升自己的修行境界。这种善的行为不仅能够给他人带来福祉，也能够使修行者的内心得到满足和安宁。

▲ 民国时期，道士行走于道观与世俗生活的夹缝之中

人常常被外界的欲望、名利等迷惑，导致失去了对自我的真正认识。道家强调修行，去除内心的杂念和欲望，回归到本真的自我，从而更好地理解自己的内心和本性。被称为南宗道教领袖和实际创始人的白玉蟾，就主张性命双修。他的诗词仙气十足，如《早春》：“南枝才放两三花，雪里吟香弄粉些。淡淡著烟浓著月，深深笼水浅笼沙”，不仅表现了江南的美景，更体现了道家的清静禅意。金末元初道士丘处机（或作邱处机），是道教全真道掌教、全真道龙门派创派祖师，世称“长春真人”。他的《无俗念·灵虚宫梨花词》写道：“春游浩荡，是年年、寒食梨花时节。白锦无纹香烂漫，玉树琼葩堆雪。静夜沉沉，浮光霭霭，冷浸溶溶月。人间天上，烂银霞照通彻。浑似姑射真人，天姿灵秀，意气舒高洁。万化参差谁信道，不与群芳同列。浩气清英，仙材卓荦，下土难分别。瑶台归去，洞天方看清绝。”这首词通过对梨花的描写，表达了道家的高洁情怀。

▲ 民国时期，一位喜笑颜开的老道士，捧着锃光瓦亮的宝葫芦

▲ 民国时期一位注重修行的老道修行者小照上记有“第二十代传戒律师”字样

▲ 1905年上海城隍庙里年轻的道士，图中可见 道家劝人向善的标语

道家有着悠久的历史和深厚的文化底蕴，其修行的理念和方法经过了数千年的传承和发展。在历史的长河中，无数的道家修行者通过自己的实践和探索，不断地丰富和完善着道家的修行体系。这种历史的传承和积淀，使得道家修行成为一种独特的文化现象，也使得道家修行者更加注重修行的实践和传承。天下的道观，通常位于山水之间，环境清幽，远离尘世的喧嚣，有利于修行者静下心来进行修行。同时，道观中还有严格的规章制度和修行仪式，这些都有助于修行者保持专注和自律，更好地进行修行。

心性修炼包括内省反思，时常进行自我反省，反思自己的言行举止是否符合道家的道德规范和修行要求。这种内省的过程能够帮助修行者及时发现自身的不足和错误，以便加以改正和完善。像庄子所讲的“心斋”，就是一种通过内心的斋戒来达到精神上的纯净和自我反思的状态。而身体修炼，包括气功、内丹、辟谷、太极拳和武术等，通过特定的呼吸技巧和身体姿势的配合，调节体内的气息流动，增强身体的能量和活力。这是一个长期的、需要高度专注和耐心的修炼过程，涉及对身体内部能量的引导和转化。清乾隆时期，江苏南通有一位豪绅柳翁，从30岁左右开始练习道家功法，钻研吐纳之术，还坚持早晚各练一遍“五禽戏”，一坚持就是60多年。到了90多岁时，依然鹤发童颜。但后来他放松了警惕，以“年纪大，视力不好”为由让儿子找了4个侍女服侍，最终因与侍女享受鱼水之欢，精力消耗过度去世。柳翁破功的故事告诉人们，修行需要坚持不懈，不能因为一时的放松而功亏一篑。

清末民国时期，西方文化和科学思想大量传入中国，对道家修行产生了一定的冲击。一些道家修行者开始尝试将道家的修行理论与西方的科学知识相结合，用科学的方法来解释和验证道家的修行成果。采用普传的方式，将道家的修行方法和理论向更多的人传播。他们将修行的理论和方法用白话文进行讲解，这就使道家理论在一定程度上得到了更广泛地传播，与世俗社会的联系更加紧密。将道家的修行理念与社会的发展和人们的生活相结合，促使道家的不同流派之间的交流和融合更加频繁，一些修行者会综合各流派的长处，进行创新和发展。

云磨雨洗天如碧
——崇尚青色

道教袍服颜色多样，青色较为常见，其中包含诸多讲究。

“赤橙黄绿青蓝紫”，古人理解的青色，是指介于蓝色和绿色之间的颜色，也指黑色。中国传统的五行观念中，青色对应东方，东方被视为阳气生发、万物开始生长的方位。道教追求与自然规律相契合，顺应天地之道，道士身着青色袍服象征着如同东方的阳气一般，蕴含着新生、生长、生生不息的含义，体现了对生命和自然的尊崇。

青色也被视为天色的象征。清末南社的创始人陈去病《自黄浦出吴淞泛海》一诗中有“云磨雨洗天如碧，日炙风翻水泛红”的诗句，展现出大自然的神奇色彩搭配和独特魅力。陈去病不是道士，他对天色的想象是高远、神秘且纯净的。而历来道士头戴黑色（青色）的冠、巾，代表着头顶青天，在这一点上，道士与凡人的认知是相通的。黑色，也是青色的一种。

▲ 民国时期一位穿着青色袍服的道士坐着在抽烟

道教初创之时，其重心更多地放在教义的传播、修行方法的探索以及信众的吸收上，对于道士

▲ 民国时期一位穿着新道服、云履的道士，正在准备出席法事活动

▲ 20 世纪 30 年代位于杭州玉皇山顶福星观的道士们，福星观周边风景优美

▲ 民国时期的两位道士在法会上吹奏乐器

服饰并无明确规定。道士们的穿着各式各样，或朴素如普通百姓，或因地域文化差异而呈现出不同的风格。直至南朝刘宋时期，道教发展迎来了一位具有深远影响的人物——陆修静。他出身江南士族，自幼便对道教有着浓厚的兴趣和天赋。当时的南方道教，虽然蓬勃发展，但也存在着教义阐释不明、经籍杂乱、仪式不规范等问题。经过多年的艰辛努力，陆修静整理出道教经籍的同时，还编撰了道教斋戒仪范类道经百余卷，对于道士服饰的规范更是具有开创性意义。

陆修静立道服之号："月披""星巾""霓裳""霞袖""十绝灵幡"。"月披"，宛如明月洒下的清辉所化，象征着道士的纯净与高洁，仿佛披上它就能与明月共辉，吸纳天地间的太阴之力。传说曾有一位道士在山中修行，每当月圆之夜，身着"月披"诵经，竟似能与明月呼应，周围有灵光闪烁，引得周围的飞禽走兽都安静聆听。"星巾"则如同璀璨星空的缩影，巾上的图案或绣或绘着星辰的奥秘。每一颗星都代表着一种神灵或一种力量；"霓裳"色彩斑斓，似天边的云霞变幻，有着仙女服饰般的飘逸与灵动；"霞袖"就像清晨或傍晚天边的彩霞一般绚烂，挥动起来仿佛能搅动风云。据说，在一次祈雨仪式上，道士们身着有霞袖的道服。当他们舞动双臂，霞袖飞扬，不久天空竟真的乌云密布，降下甘霖，人们都认为是霞袖带来了上天的旨意；"十绝灵幡"更是充满神秘色彩，幡上有着各种神秘的符号和图案，每一个细节都蕴含着道教的深刻教义。它是道士在重要仪式中用于沟通神灵、降妖驱魔的重要法器。

据清代高士闵一得《清规玄妙》载："凡全真服式，唯青为主。青为东方甲乙木，泰卦之位，又为青龙生旺之气，是为东华帝君之后脉，有木青泰

▲ 1938 年茅山乾元观，老道长的两名弟子

之喻言，隐藏全真性命双修之义也。”而当某方道观的方丈、监院或住持举行大典礼仪时，所穿的法衣便为紫色。这是因为道祖老子骑青牛出函谷关时“紫气东来”的典故，因此后世以紫色作为道教的尊贵、吉祥之色。从古代服饰文化的发展历程来看，青色在中国古代服装色彩体系中具有重要地位。早期的道士服饰受到传统文化和古代礼仪制度的影响，选择青色作为常服颜色之一，体现了对传统服饰文化的继承。

唐宋以来帝王亦以紫色法服赐予名道高真，直到今天，也只有方丈、监院或住持，以及高功法师、德高望重的高道大德方可以身着紫色法服。一般道众是不可以穿紫色道袍的，居士与信众在参加道教仪式中也不能穿，他们的服色还是青色为主，身着青色袍服有助于道士时刻提醒自己保持内心的平静和淡泊，远离尘世的喧嚣和纷扰，更好地践行道教的教义。青色也被认为具有神秘的力量和灵性，道士穿着青色袍服，象征着他们在修仙之路上不断探索，借助青色所蕴含的自然之力和神秘力量来辅助自身的修行，追求与道合一的境界。

生活常识也告诉人们，早年的头发为“青丝”，当年华逝去，生命即将枯萎的时候，人的头发就会转灰变白，青色是生命之色，贵生、乐生，道教是东方之教，所以道教将“青丝”看作健康、生命的象征，青色也是道教崇尚的颜色。

欲将心事付瑶琴

——弘道抚琴

“弘道抚琴”，对此可以这样解读：“弘道”的弘，有弘扬、光大、推广之义，表明这个“道”的含义很丰富，可以指道理、道德、道义，也可以将“弘道”理解成道家思想，就是弘扬和光大某种正确的、积极的、有价值的理念、思想或道德规范，使其被更多的人所了解、接受和践行。而“抚琴”即弹奏古琴，古琴是中国最古老的弹拨乐器之一，有着悠久的历史和深厚的文化底蕴。古人以抚琴来陶冶情操、涵养心灵，不仅是一种音乐艺术的表现形式，更是一种精神文化

▲ 清末明信片画面上八位中国男子（含一个小男孩）对着镜头摆出弹琴、下棋、作画等姿势

▲ 晚清正在抚琴的一位道士

的象征。“弘道抚琴”可以理解为：通过弹奏古琴这种行为方式，来弘扬某种道德理念、精神追求或文化价值；或者是在抚琴的过程中，不断地感悟和践行“道”的精神，以达到修身养性、提升自我的目的，体现了中国传统文化中对艺术与道德、精神追求之间紧密联系的理解和追求。

事实上，古琴与道家哲学思想非常契合。老子《道德经》第四十一章中提出“大音希声，大象无形”，强调最美的声音是超然洒脱、不事雕琢的。而古琴的音色静美沉厚、淡泊脱俗，其音域宽广、余音悠远，并非追求华丽、激昂的音响效果，而是以一种内敛、含蓄的方式表达情感和意境，这与道教“大音希声”的音乐理念相契合。在古琴音乐中，更注重弦外之音的审美理想，追求一种超越物质层面的精神境界，也与道教所追求的超脱世俗、回归自然的精神内涵一致。

道教主张“道法自然”，倡导顺应自然、与自然和谐相处，古琴在制作上便体现了这种思想。最初的古琴为五弦，象征着土、金、木、火、水五行，后来周文王与周武王各自增添了一根弦，成了文武七弦琴。古琴的形制、尺寸等都蕴含了天、地、五行、六合等与大自然相关的信息，体现了对自然的敬畏和对自然规律的遵循。张道陵是道教创始人，据《琴书大全》记载，他“性沉默，好古博经史，兼明星气图纬之学，尤妙抚琴，别得真趣”，喜好“弹琴咏经，独乐天真”。魏晋道士孙登“好读《易》，抚一弦琴，见者皆亲乐之”；南朝齐、梁时道士陶弘景“善琴棋、工草书”，并善诗文，曾为琴曲《胡笳曲》作词；唐代道士司马承祯通音律，善作曲，能制琴，曾作《幽兰》《白雪》《蓬莱操》《白雪引》等，并为唐玄宗制《玄真道曲》。

▲ 1919 年 10 月 18 日（农历八月二十五），苏州怡园琴会，一群古琴爱好者合影留念

▲ 1920 年商界巨贾周庆云与报界才子史量才，共同发起上海晨风庐琴会，以“共扶大雅之轮”

历来的一些文人墨客，有相当一部分在受到道教思想影响后，也将古琴作为修身养性、表达情感的重要方式。比如魏晋时期崇尚老庄思想的嵇康，修道养性、通晓音律，著有音乐理论著作《琴赋》《声无哀乐论》，主张声音的本质是“和”，合于天地是音乐的最高境界。唐代大诗人李白一生写了100多首与仙道思想有关的诗文，他善于弹琴，并乐于与琴人往来。他的诗中也多次出现与古琴相关的描写，如“独抱绿绮琴，夜行青山间”“琴弹松风里，杯劝天上月”等，他把古琴演奏与自己的修道联系在一起。道教讲究人的修行炼养，而古琴的弹奏需要演奏者心平气和，能够帮助人达到内心的平静和安宁。通过“心、手、物”的连接，弹琴人的心性能够在琴声中得以表达，琴声也会反过来影响弹琴人的心性。清代道士汪东亭就说：“弹琴则心静，眼因须注视弹琴之微，故杂念不起”“久久纯熟，心自静，神自定，神定则气和”，弹琴能够让人神定气和，从而有益于心性修炼。

中国古代许多文人雅士留下大量诗词文赋，有的写知音难觅的孤寂，有的写自得其乐的从容，有的写琴音何来的哲理，有的则展现琴音的美妙和琴技的高超。北宋苏轼《琴诗》云：“若言琴上有琴声，放在匣中何不鸣？若言声在指头上，何不于君指上听”；岳飞《小重山·昨夜寒蛩不住鸣》词云：“欲将心事付瑶琴。知音少，弦断有谁听”。道士们演奏古琴往往在清风明月、山水之间，这种演奏环境展现出道教文化隐逸气质的一面。如唐代大隐士朱桃椎《茅茨赋》里描写的“枕明月而弹琴，对清风而缓酌。望岭上之青松，听云间之白鹤。用山水而为心，玩琴书而取乐”，体现了道教与古琴在审美情趣和生活方式上的契合。这种在自然环境中的弘道抚琴，也有助于演奏者更好地融入自然，感悟道的真谛。

▲ 1936年，古琴名家查阜西在南京陵园花圃弹琴

▲ 20 世纪初，一群注重修行的道长们一起合影

道士仙风飘袂影

——仙风道骨

汉语中“仙”这个字，字面意义即“仙”字拆开为“人”和“山”，有观点认为人在山中，能与自然和谐相处、远离世俗纷扰的人可称为“仙”。这种理解强调了仙的居住环境和生活状态，即他们超脱于尘世之外，在山林等清幽之地修行、生活，追求心灵的宁静和与自然的融合。但道教里的所谓“仙”，可以从不同维度来解读，从修炼与能力来看，仙是通过长期的修炼，达到了一定境界的人。道教认为，人通过修炼可以改变自身的生命状态和精神境界，最终实现长生不老、超凡脱俗。这种修炼包括内丹修炼、服气、辟谷等多种方式。

仙人拥有神通广大、变化莫测的能力。他们可以飞行、变化身形、预知未来、洞察世事等。如《庄子·逍遥游》中描述的神人“肌肤若冰雪，绰约若处子，不食五谷，吸风饮露，乘云气，御飞龙，而游乎四海之外”，这是对仙人神通的一种想象和描述。倘若从生命形态来看，老而不死是仙的一个重要特征。与普通人会经历生老病死不同，仙人突破了生命的局限，拥有长久甚至是永恒的生命。不过，在道教的仙的体系中，对于长生的理解也不完全相同，有的仙人是肉身与精神都达到了长生的境界，而有的仙人可能是精神或灵魂层面的长生，比如尸解仙，虽然肉身死亡，但精神或灵魂得以超脱。从精神境界角度来看，仙人具有高尚的道德品质和精神境界。他们心怀慈悲，普度众生，对世间万物有着深刻的理解和感悟。仙人的精神境界超越了普通人的欲望、贪婪、嗔恨等负面情绪，达到了一种纯净、平和、自在的状态。总之，道教中的“仙”是一个包含了多种因素的综合概念，既包括外在的修炼行为和能力表现，也包括内在的精神境界和道德品质，是道教修行者追求的一种理想生命形态和精神境界。

▲ 民国时期一位鹤发童颜的老道士

▲ 民国时期道士青袍裹身，发髻锁发，苦苦修行的道士形象

道教神灵体系中充满了“仙话”，也是一个庞大且复杂的系统。神仙也是等级分明，譬如天仙的能力和地位都非常高，他们可以自由地在天界活动，拥有强大的法力和神通；地仙虽然不能像天仙那样在天界自由行动，但在人间也拥有较高的地位和能力；最末等的叫尸解仙，在修行的过程中耗光了寿元，只能在死亡之时以尸解之法成仙，失去肉身，且成仙后的能力和地位也相对较低。还有仙人角色，比较著名的有“三清”，是道教信奉的三位最高尊神，包括元始天尊、灵宝天尊、道德天尊。“四御”是辅佐“三清”的四位尊神。他们协助玉皇大帝执掌天地万物的运行和管理。此外，有“八仙”即铁拐李、汉钟离、张果老、吕洞宾、何仙姑、蓝采和、韩湘子、曹国舅。八仙的故事在民间广为流传，家喻户晓。其他仙人，如西王母、东王公、南极仙翁、赤脚大仙等众多仙人，他们在道教仙话体系中也都有着各自的特点和地位，西王母是统领三界女仙之主，东王公则是男仙之首。

▲ 民国时期，地方道观的老道与道统守护者的形象

所谓“仙风道骨”，说的是有神仙与修道者的风骨，比喻人气质超尘绝俗。历史上确实出过这样的修道者，如近代道教代表人物之一的陈撄宁，自幼便对道教经典、丹道修炼等有着浓厚的兴趣和深入的研究，其对道教的执着追求和深入钻研的精神，以及他的学识和风

▲ 民国时期一群道士的合影，颇有一股仙风道骨之韵

范，在当时的道教界堪称一种仙风道骨的气质。再比如民国时期上海的城隍庙，曾有道士能够通过符咒、法事等方式为百姓祈福消灾，解决一些疑难问题，其形象和作为也与道教的神秘性和仙风道骨的特质相联系。在苏州的一些道观中，曾有道士通过扶乩预测了一些自然灾害或社会事件的发生，使得人们对道教的神秘力量更加敬畏。在江南地区，一些文人雅士与道士有着密切的交往。不仅促进了文化的交流，也为江南地区的道教文化增添了一份文雅之气，人们也将其归结为“仙风道骨”的内涵。

民国时期有人曾作竹枝词《江南道情》云：“江南山水韵悠扬，道观深深隐翠篁。道士仙风飘袂影，诵经声里韵绵长。”这首竹枝词描写了江南的山水景色与隐藏在翠竹林中的道观，突出了道士们仙风道骨的形象和道观中传出的绵长诵经声，展现出江南道教的独特风情和神秘氛围。体现出江南道观春天里的宁静与神秘，也从侧面反映出道教的仙风道骨。

第三章

外来宗教与民众世俗生活

鸦片战争后，中国沦为半封建半殖民地社会，社会的动荡和人民的苦难，使得一些人对传统的信仰产生了怀疑和迷茫，这为西方宗教的传入提供了一定的心理基础。西方列强通过一系列不平等条约，获得了在中国传教的特权。例如，《天津条约》《北京条约》等条约都包括允许西方传教士在中国自由传教的条款，西方宗教在中国的传播得到了法律上的保障，传教士的数量和传教活动的范围都迅速扩大。西方的思想观念、价值体系、生活方式等对中国传统的文化和社会产生了强烈的冲击，清末民国时期西方宗教传入对民众世俗生活产生了多方面的影响。

首先是社会观念方面的冲击，西方宗教所倡导的一夫一妻制和平等的婚姻关系理念，一定程度上推动了婚姻观念的变革，对提高女性地位也有一定的积极影响，带来了男女平等的思想，使得一部分民众开始关注女性的教育和发展问题，为女性争取更多的权利和机会。

在生活方式方面，随着传教活动逐渐被一些民众所了解和接受，在一些城市和地区，部分民众开始参与西人的一些节日，如圣诞节、复活节等，商家也会借此进行促销活动，这也在一定程度上改变了人们的日常娱乐和消费方式。西方宗教的丧葬仪式和观念也对中国传统丧葬习俗产生了影响。民众开始借鉴西方的丧葬方式，简化丧葬仪式，减少了一些迷信色彩浓厚的习俗。

在教育和人才培养方面，西方传教士在中国创办了大量的教会学校，不仅教授宗教知识，还开设了自然科学、数学、外语等课程，引进了西方的教育理念和教学方法。对中国近代教育的发展产生了积极的影响。传教士在华创办了女子学校，为女性提供了接受教育的机会。

西方宗教的传入也引发了文化冲突，与中国传统文化和民间信仰产生了矛盾。例如，基督教反对祖先崇拜，这与中国传统的家族观念和孝道文化相冲突，引起了一些民众的反感和抵制。西方宗教的传教活动有时会引发经济纠纷和社会不平等问题。一些传教士利用特权干涉中国的司法和行政事务，保护中国教徒，导致一些不法教徒借机逃避法律制裁或谋取经济利益，引起了非教徒民众的不满。这加剧了社会的矛盾和不稳定。

▲ 始建于 1847 年、1853 年落成的董家渡天主堂，是上海尚存较老的天主教堂之一，也是中国第一座能容纳 2000 人的大型天主教堂。图为主教大堂外景

十字高悬映碧天

——教堂矗立

第一次鸦片战争后，清政府与英国签订了《南京条约》，其中规定，中国开放广州、福州、厦门、宁波、上海五处为通商口岸，允许英国商人自由贸易。随后在1843年10月8日，中英又签订了《虎门条约》，允许英国人在五处口岸建房居住，进一步规定了通商口岸的具体细则。1843年11月17日，上海开埠，西方的宗教、教育、科技等开始在上海传播，对上海乃至整个中国的现代化进程产生了深远的影响。

虽然在上海开埠之前，明万历三十六年（1608），徐光启邀请意大利传教士郭居静来到上海传教，并在宅第西侧建立过教堂，但那是在徐光启家宅范围内，并非公众性质的教堂。所以从公众天主教堂的角度来说，敬一堂是上海最早的。不过敬一堂已历经多次变

▲ 清末圣依纳爵堂，即徐家汇天主堂，是天主教上海教区主教座堂

迁，原建筑已不复存在。19世纪中叶，上海开埠后，西方天主教、基督教先后来上海宣教。简单地说，基督教经典就是《圣经》，包括《旧约》与《新约》两部分，后陆续分为三大教派：罗马公教（天主教）、正教（东正教）、基督教新教（俗称耶稣教）。1840年鸦片

战争后，陆续传入中国。

上海开埠后，城市建设进入一个迅猛发展时期，人口数量急剧增加，土地资源变得紧张。在这种情况下，教堂的建造需要考虑如何在有限的土地上实现其功能。传统的西方教堂往往规模宏大，有广阔的庭院和附属建筑，但在上海狭小的城市用地条件下，这种模式难以完全照搬。上海作为中西文化交流的前沿，一方面西方传教士希望通过建造教堂建筑来传播宗教文化，另一方面本地居民和城市环境也对教堂建筑产生影响。为了更好地融入当地环境，教堂建筑开始出现一些适应上海特色的变化，如较早建立的董家渡天主堂，又称“圣方济各堂”，位于上海董家渡路185号，始建于1847年，1853年落成；再如基督教堂圣三一堂，位于上海原公共租界的中心区。1847年先建造了一座小型教堂，后来在1866年至1869年重新建造，外观为新哥特式，是上海早期最为庞大华丽的基督教堂。

▲ 虹口救主堂是美圣公会在上海最早设立的教堂建筑，一座带有哥特式风格的教堂建筑，位于今大名路塘沽路口

▲ 1902 年上海圣三一大教堂，其新哥特式建筑风格融合了多种建筑元素，是上海近代建筑中的杰出代表

进入20世纪后，近代上海城市的格局基本形成，教堂经历了模仿西式教堂的移植期，开始形成与上海狭小的城市用地相适应的海派西式教堂建筑样式。天主教堂、基督教堂、东正教堂、犹太教堂等各种类型、各等规模的教会建筑拔地而起，形成了上海教堂建筑艺术的高峰。在20世纪最初的30多年时间里，西方传教士在上海建造的教会建筑比整个19世纪建造的还要多。这个时期教堂建筑有三个特点：一是对初期建造的简陋教堂进行翻新或扩建，二是为一批早期成立却没有独立建筑的教会机构建造新建筑，三是建造新创办机构的教会建筑。徐家汇天主教堂，正式名称为“圣依纳爵堂”，是天主教上海教区的主教座堂，经过扩建后可容纳近3 000人同时礼拜，成为上海最大的天主教堂。老北门第一浸会堂也将老堂拆除进行了重建。同时，国际礼拜堂、景林堂、诸圣堂、鸿德

堂、慕尔堂、沐恩堂、新福音堂等一大批教堂新建而成，直到1937年后，日寇侵华，抗战军兴，上海的教堂建筑活动才几乎完全停止。

▲ 新乐路东正教堂，又称圣母大堂，是一座具有俄罗斯风格的东正教堂。图为20世纪40年代影像

西方高耸的尖顶教堂的出现，带来强烈的视觉冲击和新鲜感，对于长期处于传统中式建筑环境中的民众来说，显得格外引人注目。西方宗教文化是一种陌生且具有冲击力的存在，一般民众对西方宗教的教义、仪式等感到困惑和不解，也会产生本土文化是否会受到冲击和侵蚀的担忧。在科学知识尚未完全普及的情况下，民众对于宗教的神秘力量往往抱有一定的敬畏和想象，竹枝词中就有“华洋杂处市声嚣，异景奇情眼欲缭”“洋楼高耸教堂前，十字高悬映碧天”，反映了当时人们对上海出现的教堂的认知，面对这样的景象不免让人感到眼花缭乱。不过，西人建成的教堂，不仅有小学校吸收寒门弟子，还有义诊治疗弱势穷人。在烽火年代和灾荒凶岁，教堂为贫弱的民众提供了避难和谋生的机会，成为中西文化碰撞、古今道传交融之地。教堂的高耸尖顶仿佛穿透了尘世，让人感受到一种超越尘世的神圣。那个年代，中国正处于动荡变革之中，而西方教堂作为外来文化的象征，矗立在这片土地上。教堂的存在不仅仅是一种建筑景观，更是一种文化符号，引发了人们对不同文化的思考和感悟。

村头忽现异邦影

——乡村传教

近代以来，西方早期基督教在中国的传播，除了在通衢都市设立教堂之外，大量传教士还身体力行，深入乡村社会，进行西方宗教在中国乡村社会的传播。

那个时代的乡村社会，处于动荡不安的状态，战乱与自然灾害频发，乡村地区的民众，特别是中下层民众生活困苦，缺乏安全感和稳定的生活保障。西方传教士所宣扬的“救赎”“天堂”一类，为处于苦难中的民众带来了一丝新鲜感，提供了一种精神寄托和心理安慰，不少人希望通过信仰西方宗教来获得心灵的慰藉和对未来的希望。另一方面，传统的信仰体系和文化观念也在一定程度上受到挑战，这为西方传教士在乡村传教提供了一定的空间。

西人乡村传教，给江南乡村也带来了新的文化元素和思想观念，如乡村突然出现了具有典型哥特式风格的教堂，高耸的尖顶，彩色的玻璃花窗，村民们从最初的好奇到逐渐接受，甚至有的也开始模仿教堂的某些外观元素，来增加美观度。乡村教堂的布局方式使得乡村的空间分布更加多样化，也更新了乡民与村民对建筑空间划分的认知。

教会学校在乡村的开设，教育内容除了教授基本的读写算知识外，还开设了自然科学课程，讲授简单的地理、天文知识，学生们开始知道地球是圆的，还有太阳系的几大行星等，而且教会学校还教授英语，为学生打开了一扇了解外部世界的窗口。乡村宗教的礼拜仪式等活动有较为严格的时间安排，使得乡村信教民众的时间观念发生改变。如在上海周边的乡村，信教的村民会根据教堂的钟声来安排自己的活动时间，逐渐养成了较为精确的时间观念。

基督教教义强调人人在上帝面前平等，这种观念在一定程度上冲

▲ 民国时期的乡村教会，用松柏点缀的花卉装饰。图为一个孩子在教堂的一侧做虔诚祈祷的场景

▲ 1898 年，一群温州百姓和前来传教的洋教士的合影

击了乡村传统的等级观念。传统乡村社会，阶层固化，社会等级分明，乡绅和族长等拥有很大权力，民众对他们的欺压常常只能忍气吞声。而在教会内部，虽然也有职务的划分，但在教义理解和宗教仪式参与方面，信教群众在理论上是平等的。一些乡村信教群众开始对传统的等级观念产生怀疑，在处理乡村事务和人际关系时也更加注重平等的交流。

▲ 20 世纪初外国教会在上海王家堂圣母院开设的女塾，专收教内女生。图为教会学堂的女童

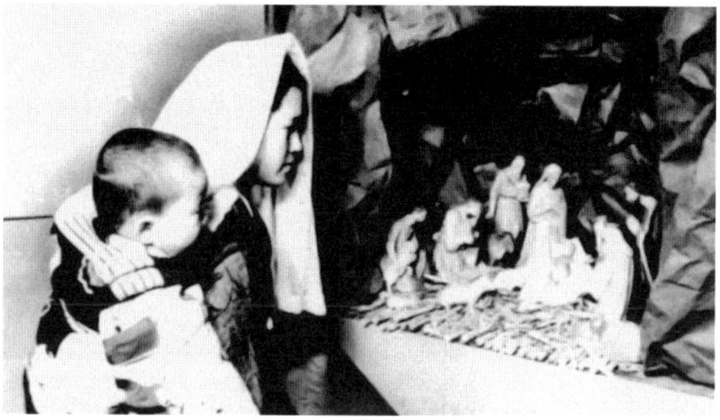

▲ 民国时期传教士和乡民在一起过圣诞节，一位抱着孩子的年轻母亲显得淳朴而虔诚

一些乡村教堂的礼拜活动中，信教群众组成唱诗班，演唱赞美诗。这些赞美诗有着独特的旋律和和声，与江南乡村传统的戏曲、民谣等音乐迥然不同，如在浙江嘉兴的一些乡村，唱诗班的歌声吸引了不少非信教群众前来聆听，并且这种音乐形式逐渐在乡村传播开来，一些学校也开始借鉴唱诗班的形式开展音乐教学活动。教堂内部的宗教壁画等绘画形式也为江南乡村带来了新的艺术题材。传统江南乡村绘画主要以山水、花鸟、人物故事等为主题，而教堂壁画中有许多关于圣经故事的描绘，如亚当和夏娃、诺亚方舟等。这些壁画的绘画风格和内容拓宽了乡村艺术家和民众的审美视野，有些民间艺人开始尝试将西方宗教绘画的元素融入传统的绘画作品中，创造出了一些具有中西合璧风格的绘画。

西方传教士的乡村传教，也是穷尽其一切手段，如借助医疗手段，开办医院与诊所；建立育婴堂、孤儿院等慈善机构，收留那些被遗弃的婴儿和孤儿；积极培养本土的传教士，借助本土信众的人际传播，乡村地区，人际关系网络紧密，人们之间的信任度较高，通过这种人际传播的方式，传教士还学习江南地区的方言和文化，用当地村民能够理解的语言和方式来传播基督教教义。他们将基督教的教义与江南乡村的传统文化、价值观进行一定的融合和解释，使村民更容易接受基督教的思想。有些文人的竹枝词也或多或少地提及传教士在乡村的传教活动，如“村头忽现异邦影，堂宇新成异域风”“乡民心向洋教移，旧俗渐改新念滋”，表达了对传统乡村社会信仰和习俗因传教士的到来而发生改变的一种感慨，既有对传统文化可能受到冲击的担忧，也有对民众思想可能变化的思考。

乡村传教，在一些地方，可能与乡村的传统秩序、文化观念等产生矛盾和冲突。对普通民众来说，所谓的“救苦救难”“上帝救赎”之类，也存在一定的迷惑性和欺骗性。一些不了解基督教本质的民众也很容易盲目信教，甚至放弃了对自己传统文化和信仰的坚守，因此对中国的文化传承和民族精神的培养产生也具有一定的消极影响。

▲ 清末温州郊外的一个圣经班的学生坐在大门外合影，门两边贴着“圣子降生恩门宏开，信徒遵命救道遍传”的对联

▲ 扬州普哈丁墓园门

天方矩矱人称颂

——江南回教

伊斯兰教传入中国有海陆两条路径，江南地区主要受海上丝绸之路的影响。早在唐宋时期，就有阿拉伯、波斯商人等沿着海上丝绸之路来到江南的一些城市，如扬州、杭州等地进行贸易活动，其中一部分人也将伊斯兰教带入了这些地区。他们在当地定居、经商，并逐渐形成了早期的穆斯林群体。

扬州在历史上曾是重要的商业城市，有不少穆斯林在此聚居，为伊斯兰教在江南的传播奠定了一定基础。历史上扬州普哈丁的故事被广泛传播，据说普哈丁是穆罕默德的16世孙，南宋末年来到中国传教，他在扬州修建了仙鹤寺，为我国早期著名的伊斯兰寺院。南宋德祐元年（1275），普哈丁自山东济宁传教返扬州时，于舟中去世。人们根据他致广陵郡守的遗书，把他葬在扬州运河东岸的土冈上，普哈丁墓园门上有“天方矩矱”的题字，为阿拉伯人的典范之意。基于

▲ 上海小桃园清真寺位于小桃园街 52 号，始建于 1917 年，1925 年集资重建。寺院大门朝北，为拱形花格铁门，门额镶嵌“清真寺”三字

当时特殊的历史背景，1258年蒙古大军血洗巴格达，普哈丁在这样的背景下开启了东方之旅，将伊斯兰教传播到了扬州地区，对当地的宗教文化产生了深远影响。著名学者罗哲文曾作《七绝·普哈丁墓》云：“一纸遗书烦郡守，运河东岸土冈头。天方矩矱人称颂，风月同天结友俦。”

伊斯兰教传入上海始于元代。元至元十四年（1277）建立松江府，沙全任松江府达鲁花赤（官名，蒙古语“镇守者”“盖印者”之意），元军官兵及家属遂定居松江，其中有信奉伊斯兰教的穆斯林，把该教带入上海。至正年间（1341—1370），在松江府西景家堰北与回族接壤处，建立了上海第一座清真寺——松江真教寺。这成为上海地区伊斯兰教传播的重要开端。之后不断有穆斯林在松江及周边地区聚居，推动了伊斯兰教在上海的进一步传播，逐渐形成江南伊斯兰教（旧称回教）的影响力。

到了近代，随着中国与外部世界的交流增多，以及江南地区经济的发展和人口的流动，伊斯兰教在江南地区有了进一步的传播。一方面一些来自西北、中原等地区的穆斯林因经商、求学、谋职等原因迁徙到江南；另一方面国外的一些穆斯林也来到江南进行交流、传教等

▲ 上海松江清真寺，原叫真教寺，建于元至正年间（1341—1370），是上海地区最古老的伊斯兰教建筑

活动，使得伊斯兰教在江南的影响范围逐渐扩大。江南地区出现了一些清真寺等伊斯兰教建筑，这些建筑在风格上与当地传统建筑有所不同，其独特的穹顶、拱门、尖塔等元素为江南建筑增添了新的风格特点。上海的小桃园清真寺等，成为江南地区具有代表性的伊斯兰教建筑，也成为上海的文化景观之一。

▲ 民国时期南京汉西门清真寺，拱门上还有“南京崇穆学校”字样

始建于1917年的小桃园清真寺，由实业家金子云（1869—1937）出资购入占地2.4亩的花园住宅捐作伊斯兰教在上海的活动基地，但其建筑尚不具备真正清真寺的外观。1925年后，金子云又带头出资1万银元，并向全国各地（包括中国香港）的穆斯林募捐，对其进行改建。新建成的小桃园清真寺为阿拉伯建筑风格与中国传统建筑风格合璧的建筑，成为上海伊斯兰教的一处重要场所。上海伊斯兰师范学校创办初期，曾借用小桃园清真寺作为校址，该校从教者多为知名学者、阿訇及外国友人，培养了许多优秀的伊斯兰教宗教人才，对传播伊斯兰文化起到了推动作用。

▲ 杭州凤凰寺大门并非一次建成，唐宋以来历经修缮，清乾隆时期凤凰寺大门已具有一定的代表性和独特风格

穆斯林商人在江南地区的商业活动对当地经济产生了积极影响。他们带来了西亚、中亚等地的商品和贸易方式，促进了江南地区与外部世界的经济交流。在上海及江南许多城市的商业街区，穆斯林商人经营的店铺成为当地商业的重要组成部分，他们的商品如香料、珠宝、丝绸等受到了当地民众的喜爱。伊斯兰教的传播也带动了与穆斯林生活相关的行业在江南地区的发展，如清真食品行业，这些店铺不仅为穆斯林提供了符合宗教信仰的食品，也让本地民众品尝到了独特的清真美食，丰富了江南的饮食文化。

伊斯兰教的文化和教义也对江南的文学艺术创作产生了一定的启发。一些江南的文人墨客在与穆斯林的交流中，了解到伊斯兰教的文化和故事，将其融入自己的文学作品中，丰富了江南文学的题材和内容。在音乐、绘画等艺术领域，伊斯兰教的艺术元素也与江南的艺术风格相互交流、融合。伊斯兰教的传播促进了江南地区不同民族之间的交流与融合。江南穆斯林群体在江南地区积极参与慈善活动，如救助贫困、帮助孤寡老人、捐资助学等，也带动了其他民族的民众共同参与到公益事业中来，促进了江南社会的文明进步。

以儒释教融乡俗

——传教士们

看历史上来华的西方传教士，其中有不少是在江南乡村地区传播基督教教义，表现得兢兢业业，念兹在兹，使命感特别强，有的甚至献出了自己的生命，有一些传教士确实在中西文化交流中起到了一定的积极作用。比如利玛窦，他是第一位成功进入中国并居住下来的西方传教士，将西方的天文、数学、地理等科学技术知识引入中国。他的《山海图说》等作品让中国人首次接触到了哥白尼的日心说、伽利

▲ 1935 年江苏海门教区主教朱开敏（前排左一）与教宗特使蔡宁合影

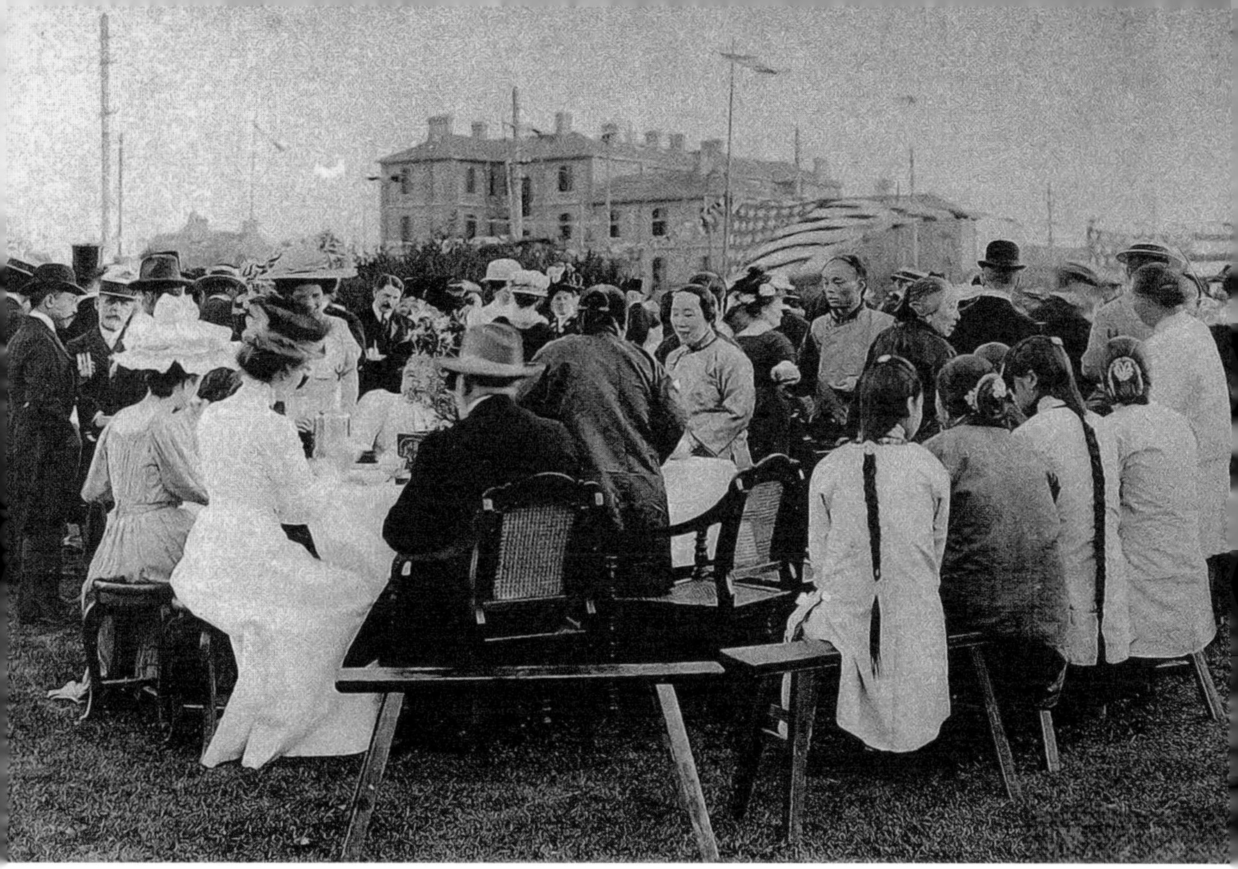

▲ 1907 年上海的传教士与嘉宾在花园举行派对时的情景

略的望远镜等西方科学成果，其科学思想对中国近代科学的兴起起到了推动作用。传教士也将中国的文化、哲学等介绍到西方，促进了西方对中国的了解，为中西文化交流搭建了桥梁。

晚清来华的传教士，深入乡村，在江南开展了一些社会服务和教育活动。有的在一些贫困地区进行医疗救助、开办孤儿院等慈善活动，在一定程度上帮助解决了一些民众的急难愁盼问题；有的建立教会学校，将西方教育体制引入中国，开设了多种新式课程，培养出了一批适应时代新需求的人才，对中国近代教育的发展有一定的启蒙作用；还有一些传教士传播的西方政治经济思想，对中国封建专制制度和传统经济思想产生了冲击，促使了中国士人思想的转变，在一定程度上加速了中国社会的革新与前进。他们利用报刊传播变法思想，并为维新人士提供一定的庇护与帮助，对中国的变法运动起到了积极的作用。

鸦片战争前来华的西方传教士，在心态上不像之后那么居高临下、咄咄逼人，利玛窦作为天主教耶稣会传教士、学者，在华传教28年，向中国社会传播了西方的几何学、地理学知识以及人文主义的观点，开了晚明士大夫学习西学的风气。学者陈懋章作《鹧鸪天·利玛窦》竹枝词，写得非常好：“传道西风万历间，中华经典更精研。以儒释教融乡俗，述理行文绘壮观。勾股律，几何圆。西方科学上金銮。”记载了利玛窦在中西文化交流中的重要作用。德国传教士郭士立（亦译郭实腊）《贸易通志》中时常引述中国古代圣贤的语录，开头就引用儒家经典，这部书中多处引用《孟子》《诗经》等书籍，以中国传统文化的口吻来推销西方文化，进行传教。

传教士来华过程中，记录了中国社会的风土人情，拍摄了大量照片，为后人留下了难得的资料。1735年法国耶稣会传教士杜赫德（1674—1743）主编的《中华帝国及其鞑靼地区地理、历史、编年、政治与自然概述》（中译习称《中华帝国全志》）刊行于巴黎，汇集了此前百余年间入华耶稣会士言说中国的成果，成为西方认识中国的重要知识来源。英国传教士慕雅德在他的《新中华和旧中华》中描写了运河中翻坝拖船的景象。英国旅行家伊丽莎白·伯德以女性独特细腻的视角观察了运河两侧人民的生活，详细描写了运河上船工一家祖孙三代的日常生活，如清晨的敬拜菩萨、男人的日常活动、女人的劳作等，让人们对当时江南普通百姓的生活有了更直观的认识。英国圣公会第一主教慕稼谷多次观赏钱塘江大潮，并认为“钱塘江潮水是世界不同寻常的自然景观之一”。他对钱塘江大潮的喜

▲ 1938 年，南方教会来自美国的传教士合影，照片中还有几位当地中国籍神父

▲ 1938 年江苏徐州铜山县的外国传教士施粥场景

▲ 20 世纪 30 年代上海教会神父下乡与当地农民信友的合影

爱甚至影响到了他的后代，他的儿子在剑桥大学毕业后到中国任建造师，退休后一直定居在中国。

但也要看到，这些西方传教士来华的根本目的是传播基督教，试图从精神上控制中国人，以扩大教会的影响，在中国强行推行基督教，破坏了中国原有的宗教信仰和文化传统，严重激发了教会和中国民众之间的矛盾，引发了“教案”与文化冲突的事件，还有传教士在华期间，以传教为名，收集中国的政治、经济、军事等方面的情报，为列强的侵略决策提供依据。有些传教士甚至直接参与了列强的战争行动，1900年在八国联军进入北京城后，一些品行低劣的传教士和洋教教民，不仅给烧杀抢掠的联军引路，而且自己也动手抢劫，给中国人民留下了惨痛的历史记忆。

总体而言，近代西方来华的传教士中，在中西文化交流与传播中发挥了一定的积极作用，有一部分人甚至在某些方面做出了一定的积极贡献，但也应该看到，他们的行为本质上是为了西方列强的利益和基督教的传播服务的，有的甚至给中国带来了深重的灾难和痛苦，我们应客观、全面地认识和评价他们。

▲ 民国时期上海教会修女

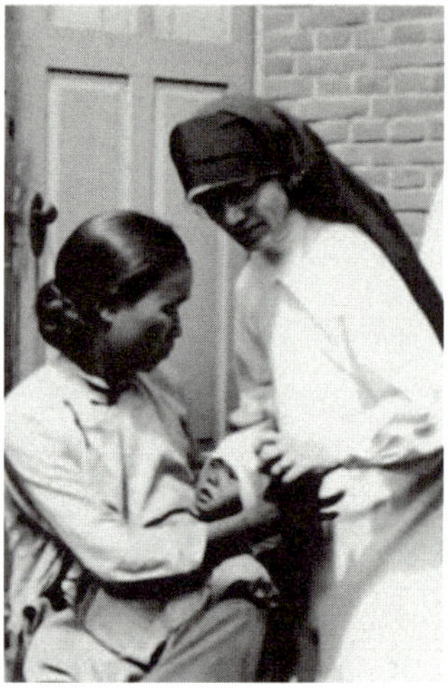

▲ 基督教玛利诺修女在徐家汇传教，图为修女与一对母子交谈

异域慈心修女行

——修女嬷嬷

1891年，安徽芜湖发生了一起与修女相关的事件，后来酿成了“芜湖教案”。当时芜湖天主教堂的两名修女外出探视病人，返回途中带了两名儿童回教堂。这一幕被小孩的亲戚看到，他们认为修女是在拐卖儿童，于是将修女扭送到官府，但官府迫于洋人势力，却将修女释放，这一行为引起了公愤，五千多名民众冲击了教堂，引发了较大的社会动荡。这一事件反映当时民众对西方传教士及修女行为的怀疑和不满，也体现了中西方文化、观念的冲突以及当时社会的复杂矛盾。

在清末那样一个动荡、贫困、灾害频发的时期，很多民众生活困苦，孤儿和灾民数量众多。修女嬷嬷们的救助行为，不管其背后的宗教动机如何，在客观上确实给那些处于苦难中的人们，提供了一定的物质帮助和精神慰藉，展现出了一种人道主义精神，她们的行动在一定程度上缓解了部分苦难民众的困境，让这些弱势群体感受到了一丝温暖和关怀。

长久以来，“男主外，女主内”的传统社会分工模式，女性几乎被排除在任何社会事务之外。传统赈灾活动中，虽然不乏女性的参与，但只是凤毛麟角。在传统中国社会，女性参与赈灾和其他社会救助活动相对较少，而教堂里修女嬷嬷们的行为恰好起到了一定的示范作用，让人们看到了女性在社会救助方面的力量和可能性，这就在一定程度上推动了中国社会救助观念的发展，为后来中国女性参与社会慈善和救助活动奠定了一定的基础。

“修女”，是对天主教、东正教、圣公会以及部分信义宗教会中女性修行者的称谓。她们发愿过着贞洁、贫穷、服从的生活，将自己完全奉献给上帝，在宗教生活中，修女们通常居住在修道院中，每天进行祈祷、冥想、读经等宗教活动，遵循严格的宗教日程安排，而

▲ 1929 年 3 月 24 日实寄明信片，教会修女会定期接收弃婴，对其进行抚育领养

“嬷嬷”则是对年长修女的尊称。在中国的语境下，尤其是在近代西方传教士进入中国后，民众对教堂中从事宗教事务以及慈善等工作的年长女性也习惯称呼为“嬷嬷”。修女嬷嬷主要负责教堂内的日常宗教事务。她们协助神父进行礼拜仪式，包括准备仪式所需的物品，如圣餐、祭服等。在教堂举行宗教活动期间，她们引导信徒进行祈祷、唱诗等环节。她们也积极投身于慈善活动，当发生自然灾害，她们会组织筹集物资，如粮食、药品、帐篷等，在受灾地区设立临时救助点，为灾民提供基本的生活保障；平时还会参与教育工作，传播西方的宗教、文化和价值观。

▲ 1914 年“圣功学堂”又名“圣功女学校”修女辅导学生的场景

一些修女嬷嬷在江南地区还参与了教育活动，例如，在课堂上可能会讲解西方的科学知识、艺术等，这在一定程度上开阔了学生的视野。但同时，这种教育方式也受到了一些质疑，因为其教育内容和方式与中国传统的教育理念有所不同，引发了一些关于教育主权和文化认同的讨论。修女嬷嬷们在江南地区与当地的一些士绅、商人等也有一定的互动。有些士绅和商人可能会对教堂的慈善活动提供一定的支持，比如捐赠物资、资金等。而修女嬷嬷们也会借助这些人的影响力来扩大教堂的影响力，但这种互动也并非总是和谐的，有时候双方会因为利益、文化观念等方面的差异而产生矛盾和冲突。

▲ 1943 年 5 月 12 日，教堂里的修女学习使用织布机织布纺线

清末江南教堂里的修女嬷嬷们的行为既带来了一些积极的影响，如慈善救助、教育推广等，但也引发了一系列的问题和冲突，这些冲突反映了当时中西方文化交流与碰撞的复杂局面。在近代，文人对于修女嬷嬷的评价是较为复杂的，反映在诗词与竹枝词中也呈现出截然

不同的态度和观点，如有的文人留下“异域慈心修女行，灾荒救助暖寒生”“嬷嬷异乡行，善念心中萦。孤儿得所护，慈爱育新英”这样颇为正面的诗句，有的竹枝词则指出：“洋教嬷嬷入华堂，真意几分为善忙”，暗示修女嬷嬷的行为可能并非单纯出于慈善目的，有的甚至以更加尖锐的笔触来批判，如“异域嬷嬷伪善妆，借慈行教暗谋长”，直接指出修女嬷嬷表面上的慈善行为是一种伪装，实际上是为了传播西方宗教，对中国的文化和社会秩序产生潜在的威胁。

总的来说，对修女嬷嬷活动的评价应该放在具体的历史背景下进行综合分析和理解，而不是意气用事或者情绪性地以偏概全。

育得慧心知感恩
——孤儿院所

古代社会也会有孤儿，那时怎样养育孤儿成人呢？古代社会的孤儿首先会由家族中的直系亲属抚养。《礼记·檀弓》记载，当一个人父母去世后，“幼孤不能自立者，其长兄若伯叔父之属，必养之”，说明长兄、伯父叔父等亲属有抚养孤儿的责任。这种抚养模式是基于血缘关系和家族伦理。此外古代社会有“义庄”，一般由宗族中富裕的族人捐赠土地、钱财等资产建立，有专门的管理人员，主要功能之一就是抚养孤儿。宋代范仲淹所设立的范氏义庄堪称范例。从宋代开始，官府设有“养济院”机构，主要功能是收养鳏寡孤独者，也包括一部分孤儿。古代还有许多慈善人士会主动救助孤儿，他们往往出于慈悲之心或者宗教信仰，对孤儿伸出援手。明清时期，民间慈善组织逐渐兴起，如育婴堂、普济堂等。育婴堂主要是收养弃婴和孤儿，普济堂除了救济贫困老人，也会收养一部分孤儿，其资金来源主要是民间捐赠，包括士绅、商人、普通百姓等的捐款，它们为孤儿提供了另一种生存的保障。

近代以来，西方教会也建立了不少慈善机构，其中比较著名的如土山湾孤儿院，主办主体是江南教区徐家汇耶稣会。1855年，法国天主教教士薛孔昭司铎在青浦横塘创建了孤儿院，后迁至上海西乡之蔡家湾。1860年，为躲避太平天国之战，部分孤儿迁至沪南董家渡。1864年徐家汇土山湾孤儿院正式建立，董家渡等地的孤儿一并迁入。当时的土山湾孤儿院占地84余亩，建有平房、楼房共34间。此后孤儿院规模不断扩大，一直持续到1949年新中国成立。

▲ 民国时期上海耶稣会教会孤儿院学校教育课堂，有的孩子公然上课睡觉

在发展过程中，土山湾孤儿院不断扩大规模，其不仅为孤儿提供基本的生活保障，为保证孤儿年满12岁就开始学艺，还开展了一系列的职业技能培训。比如设立了画馆、木工部、印书馆、五金部、机械部等部门。这使得孤儿院逐渐成为一个集抚养、教育、职业培训为一体的机构。许多孤儿在此习得一技之长，改变了一生的命运。历史常常因人们的无心之举而绽放出无尽的光彩，这个最初只是为了接纳孤儿为谋生习艺而设立的工场，却无意间掀开了中国近代文化史上重要一页。

▲ 1901 年，耶稣会孤儿院里晨读的孤儿

土山湾孤儿院培养出了许多杰出的艺术人才，这里培养出的美术教育家周湘、水彩画家徐咏青、雕塑家张充仁等一批享誉海内外的中国艺术大师，都对中国近代美术的发展产生了重要影响，徐悲鸿先生曾直言：“土山湾亦有可画之所，盖中国西洋画之摇篮也。”

民国时浙江平湖文人费椿曾经有诗云：“孤儿寡母守蓬门，育得慧心知感恩。苦读经书勤著作，剪香集影谢慈萱。”“育得慧心知感恩”，土山湾孤儿院里的许多孤儿在绘画方面展现出了极高的天赋和才华，他们的作品不仅在国内受到关注，还在国际上获得了认可。1912年，在外国传教士葛承亮的带领下，由土山湾孤儿院工艺院内数十个孤儿经过近一年时间雕刻而成一座木雕的牌楼，又称为中国牌楼。该牌楼曾参加过1915年美国旧金山世界博览会、1933年芝加哥世界博览会、1939年纽约世界博览会，历经波折后于1985年回到土山湾，这就是著名的土山湾牌楼。中国近代的镶嵌画、彩绘玻璃等新工艺、新技术也发源于土山湾孤儿院。这些工艺技术的传承和发展，不仅是土山湾孤儿院工艺水平的见证，也是中国近代文化交流的独特标志。

▲ 上海天主教徐家汇肇嘉浜土山湾孤儿院的孩子在孤儿院长大后大多成为知名的艺术大师

▲ 民国时期教会孤儿院成长起来的一个少年扶着自行车留下的影像

1858年，法国人兰廷玉在徐家汇地区组建了管弦乐队，这是上海第一支西乐乐队，也是近代中国第一支由中国人组成的西洋管乐队，土山湾孤儿是其重要成员。1864年11月22日，徐家汇管弦乐队首次在法租界内公开演奏，演出十分成功，吸引了大批听众。1903年，土山湾孤儿工艺院正式成立“土山湾乐队”，以其为代表的音乐教育模式大量传播，为中国近代音乐教育的发展起到了启蒙和推动的作用。

1917年，复旦大学创办人马相伯退隐居住于土山湾孤儿院的三楼。当时的马相伯经历了诸多人生起伏，选择了在土山湾孤儿院隐居。在这里，他度过了一段相对安静的时光，也为他后续的一些活动提供了一个相对稳定的场所。1931年九一八事变后，马相伯在土山湾孤儿院发起组织中国民治促进会等活动，为国家的独立和民族的尊严积极奔走呼号，展现出了强烈的爱国情怀。

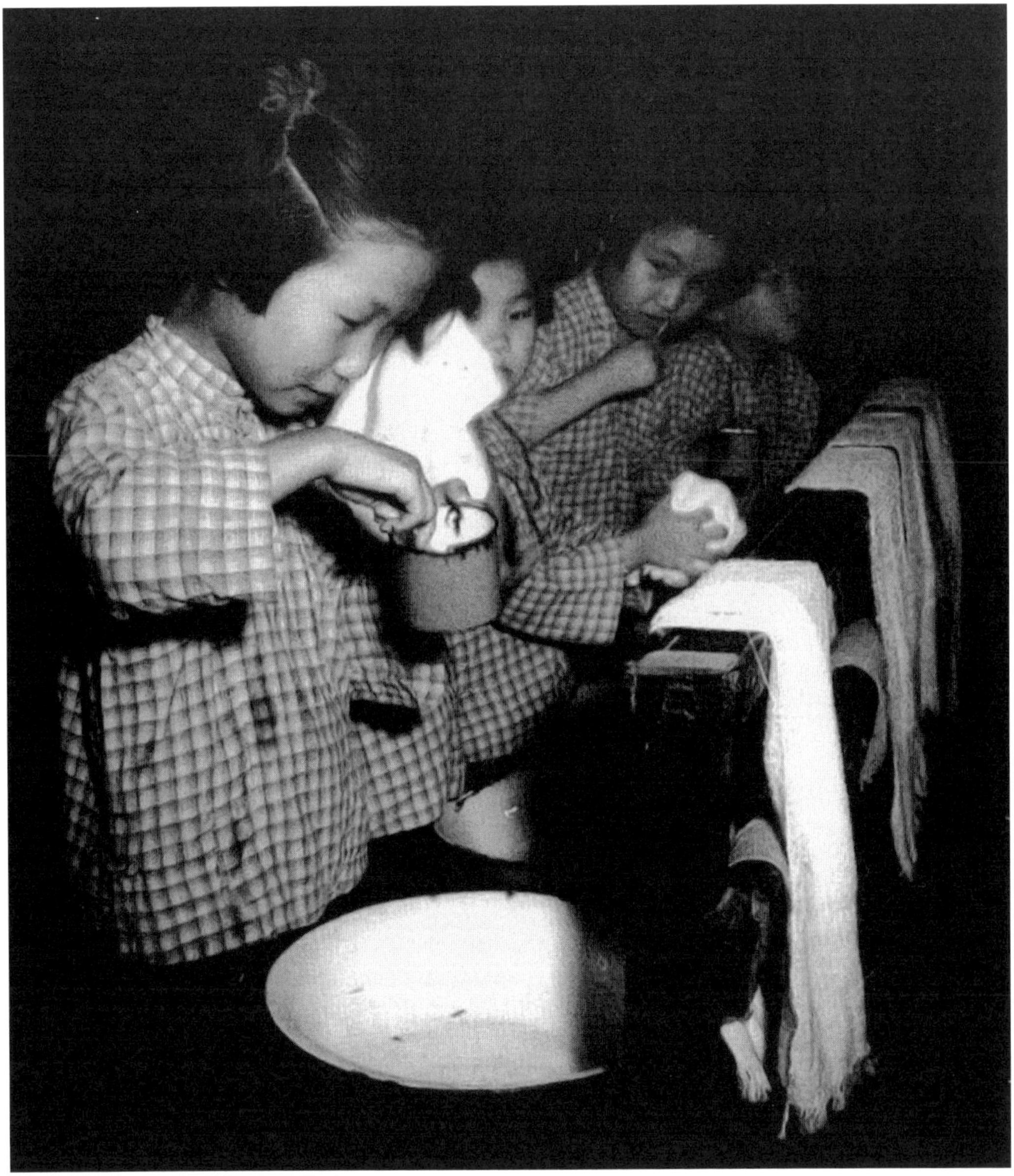

▲ 1948 年，上海孤儿院中的小女孩起床后洗漱

▲ 清末浙江金华教会的传教士和当地信教的抽水烟小脚妇女在一起交谈的情景

▲ 民国时期上海一些信仰佛教的善男信女，去寺庙上香情景

看开放下悟千般

——善男信女

在传统意义上，“善男信女”这个词是指信仰佛教的男女。善男信女会遵守五戒，即不杀生、不偷盗、不邪淫、不妄语、不饮酒。他们会定期前往寺庙拜佛，在佛像前恭敬礼拜，通过磕头上香等仪式表达对佛的虔诚，也会诵读佛教经典，努力做到心领神会。他们会维护寺庙，供养僧人。此外，他们还会进行布施，如救济贫困之人。在佛教观念中，这种供养和布施的行为称为“积累福报”。因为信仰的力量，人们常常把善男信女视为佛教文化传承和传播的重要力量。在发生灾荒时，一些善男信女会组织施粥等慈善活动，这种行为既体现了佛教的慈悲精神，也对稳定社会秩序起到了一定的作用，增强了佛教在社会中的凝聚力和影响力。

在清末民国的江南乡村，人们也时常将信西方基督教、耶稣教的信教群众，称为“善男信女”，乡村群众这样称呼，是基于一种尊重和认可，传统乡村社会，对于有宗教信仰的人，用“善男信女”这样的称呼是一种相对尊重的表述，认可他们对宗教的追求和信仰行为。宗教往往倡导信徒要行善积德、秉持善良的品德。信教群众被认为是遵循宗教教义，追求善良和美好的人，所以用“善男信女”来称呼他们，也符合宗教所宣扬的理念和价值观。

▲ 20 世纪 20 年代，静安寺路梅白格路（今南京西路新昌路口）养马房门口，前来烧香祈祷的信众络绎不绝，一时香火鼎盛

▲ 从正月初一开始几乎每隔三五天就有一位神仙或菩萨过生日，寺庙、道观中许多善男信女纷纷前来朝拜缴纳香火钱

19世纪60年代的太平天国运动等战争，江南乡村地区作为经济文化较为发达但也深受战乱影响的区域，其传统的社会秩序和价值观遭受巨大冲击，原有的儒家礼教秩序、宗族组织等在一定程度上被削弱。如乡村里宗族祠堂的经济基础和社会控制能力下降，对于民众的凝聚力不如以往。一方面，传统秩序的松动使得基督教有了传播的空间，民众在原有精神寄托受到冲击的情况下，开始寻找新的信仰支撑。另一方面，西方列强凭借不平等条约在中国获取诸多特权，传教士也如影随形，深入江南腹地，在动荡的社会环境中，也为部分民众提供一定的保护。一些乡村百姓面对土匪骚扰、地方恶霸欺压时，教会以其背后的西方势力为后盾，成为一个可以躲避灾难的避风港。但是，来自西方的基督教等毕竟不像佛教那样在中国已有根深蒂固的基础，教会与地方上普通民众的矛盾也时有发生。19世纪40年代发生的“青浦教案”加剧了中国民众对西方列强和传教士的反感，也成为后来一系列反洋教斗争的导火索之一。此外，在江南的一些地方，教会在土地买

卖、房产纠纷等事务中偏袒信教的教民，干涉地方司法的情况也时有发生，这些都引发了当地民众与教会之间的矛盾和冲突。还有一些教案记载，信教的教徒在遇到纠纷时会向教会求助，教会有时会出面干涉地方事务，这又使得部分民众为了自身安全和利益而加入教会。

传教士在乡村传教，也采取了适应中国文化的传教策略。他们用中国人比较容易理解的方式讲解《圣经》故事，比如将基督教教义与中国传统的伦理道德观念相结合进行传教。一些传教士会引用中国古籍中关于“仁爱”等理念来类比基督教的“爱邻如己”等观念，降低了民众对陌生宗教的排斥感。同时，传教士也培养了一批本土的传教人员，这些人熟悉当地的风俗习惯和语言，能够更好地深入乡村进行传教。清末民国时期，西方文化和思想通过各种渠道传入中国，这种

▲ 民国时期南京路西藏路一带，马勒马棚前竖立着一对被称为“石神庙”的石翁仲，一些人买了马票后常来此烧香祈求中彩

思想氛围也影响到了乡村地区。基督教所倡导的平等、博爱等观念，在一定程度上迎合了当时社会变革中追求平等的思潮。对于一些受新思想影响的乡村青年农民来说，基督教的这些理念具有一定的吸引力，他们希望通过信仰基督教来践行这些新观念，改变乡村中传统的等级森严等旧观念。

当时浙江舟山流传一首竹枝词：“舟渡苍生登彼岸，看开放下悟千般。善男信女虔诚拜，佛法无边心似磐。”诗中所说的善男信女，好像是在普陀山虔诚朝拜的情景，他们怀着对佛法的敬畏和对解脱痛苦的渴望，来到这片神圣的土地。其实，江南其他地区信奉基督教的教民，同样是出于对宗教教义的敬畏，也寻找着一种对旧秩序的解脱，渴望社会能够出现一片神圣的“圣境”。“善男信女”好似一种独特的文化符号，激励着信徒追求内心的宁静与解脱，坚定地走在信仰的道路上。

乱道耶稣救世功

——礼拜社交

清末民国时期，无论是在城市还是在乡村，做礼拜是基督教信徒之间重要的定期聚会活动。所谓“礼拜”，是基督教的一种集体的宗教仪式，主要包括唱赞美诗、读经、讲道、祈祷等环节。唱赞美诗是信徒用歌声来赞美上帝，如《奇异恩典》是一首广为人知的赞美诗，其歌词传达出上帝的慈悲和拯救的力量；读经是在礼拜仪式中宣读《圣经》经文，牧师会选择合适的段落进行朗读，通过读经可以让信徒直接接触到上帝的话语；讲道是由牧师对《圣经》经文进行讲解和阐释，结合信徒的生活实际，引导信徒理解基督教的教义；祈祷则是信徒与上帝沟通的重要方式，在礼拜中，会有集体祈祷的环节，大家低头闭眼，向上帝倾诉心声，表达自己的需求、感恩、忏悔等各种复杂的情感。

这一系列仪式，增强了信教群众之间的情感纽带。在江南水乡的一些乡村，每到周日，信徒们会沿着河道，乘坐小船来到教堂。在教堂内，他们一起唱诗，歌声在乡村的上空回荡，通过共同的宗教仪式，他们彼此交流信仰心得，分享生活经历。这种互动不仅加深了他们对基督教教义的理解，也使得他们在乡村社会中形成了一个相对紧密的小群体。

在乡村中，一些信徒可能遇到经济困难或家庭纠纷等问题，在做礼拜后的交流环节，大家会共同商量解决办法。有一位乡村信徒家中遭遇火灾，房屋被焚毁。通过礼拜社交，其他信徒得知这一消息后，纷纷伸出援手，提供临时住所和生活物资，这种互助行为使得基督教在乡村社会中产生了一定的社群凝聚力。

乡村信徒们会以家庭或者小团体为单位进行诵经活动。这一活动使得基督教教义在乡村信徒中得到更深入的传播。一些年长的信徒会带领年轻的信徒诵经，他们逐字逐句地讲解《圣经》中的故事和教义。在苏南农村，晚上信徒家中昏黄的灯光下，一群教友围坐在一起诵读《圣经》的场景并不鲜见，不同的信徒对《圣经》经文有不同的理解，在诵经过程中，他们会分享自己的见解，这种思想碰撞使得信徒们对基督教教义的理解更加多元

▲ 1900 年江南的传教活动没有受到义和团的影响，图中六个信教男子扯着标语合影

▲ 清末江南乡村朴实的圣诞节，信众圣诞在马棚前礼拜

▲ 民国时期传教士深入江南乡村地区，引发了诸多好奇村民的围观

化，让他们能够更好地将基督教教义与自己的生活实际相结合，让这种信仰在家庭内部和邻里之间得以传承。

倘若做礼拜时适逢西方节日，信教群众还会举行庆祝活动。如圣诞节，教堂会被装饰一新，挂满彩带和彩灯。信徒们会聚集在教堂，举行圣诞礼拜仪式。在仪式结束后，他们会组织一些娱乐活动，如表演与基督教故事相关的短剧。这些短剧以简单易懂的方式向信徒们展示了《圣经》中的故事，如耶稣诞生等情节。有一年圣诞节，在上海周边的一个乡村教堂，信徒们组织了一场小型的话剧表演，内容是关于耶稣诞生的故事。大家积极参与，有的负责表演，有的负责道具准备，还有的负责组织观众。表演结束后，大家一起分享美食，互相赠送自己制作的小礼物，在欢乐的氛围中度过了这个节日。复活节也是乡村基督教信徒重视的节日。在复活节期间，信徒们会互相赠送彩蛋，彩蛋上绘有各种基督教符号或者象征新生的图案。他们还会组织户外的庆祝活动，如在乡村的草地或者河边举行野餐，这种庆祝方式

▲ 民国时期乡村朴实的圣诞节，教友给玛利诺会的神父们送圣诞礼物情景

▲ 圣诞贺卡在乡村逐渐流行，乡村女孩亲手制作贺卡寄给远方的朋友

不仅让信徒们感受到西方节日的氛围，也使得他们在乡村的自然环境中放松身心，加强了彼此之间的联系。这些西方节日的庆祝活动在一定程度上改变了江南乡村原有的节日娱乐格局，为乡村生活带来了新的活力。

西方基督教的做礼拜习俗和中国传统“男女授受不亲”观念之间曾经有过冲突。清末民初，西人男女在公开场合自由交往。每逢礼拜日，男女共聚教堂做礼拜，这让当时讲究“男女授受不亲”的上海人大为惊愕，表示坚决反对。《申报》发表竹枝词嘲讽：“天主堂开法界中，七天礼拜闹丛丛。男和女杂混无耻，乱道耶稣救世功。”中国传统的“男女授受不亲”观念源于儒家礼教，它强调男女之间应保持适当的距离，以维护社会秩序和道德规范；基督教文化则强调信徒在上帝面前的平等，教堂作为神圣的宗教场所，是大家共同敬拜上帝的地方，男女共同参与礼拜仪式体现了这种平等性和共同的宗教诉求，体现了中西两种文化体系的碰撞与交流。

咸慕西师精教育

——教会办学

教会办学校对清末民初中国的教育制度产生了较大的冲击。这在当时也是由不同的教育理念所决定的。中国人的传统教育注重培养少数男性优秀分子入仕，“学而优则仕”，而教会学校认为每个人均有受教育的权利，其学生来自社会各阶层，打破了传统教育对教育对象的限制，冲击了当时“学而优则仕”的精英教育理念，更接近国民教育模式，让更多的人有机会接受教育。中国传统教育偏重道德教育，而教会学校尤其是教会大学是近代意义上的全面教育，一定程度上包含德智体美四育，这与当时中国传统教育以考取功名为主要目标的单一化教育目标形成了鲜明对比，促使人们开始思考教育的多元目标和全面发展的重要性。

▲ 清末一位虔诚的基督教徒更衣焚香后，端坐着抄录福音书，墙上贴的是用上海话写的《圣经》中的章节

清光绪五年（1879），上海圣约翰大学的前身圣约翰书院在上海出现，它是由上海苏州河岸的培雅、度恩两书院合并而成。美国圣公会把教育作为在华传教的重点，期望通过建立学校来推动传教事业并培养中国的基督教人才。1879年4月14日，美国圣公会上海教区主教施约瑟主持了圣约翰书院的奠基礼，9月1日正式开学。其教学内容，初设国文、神学两部，后增设医学、英文两部，采用国语、方言同时授课。1881年，任英语教习的卜舫济牧师全面以英语授课，英语逐渐成为圣约翰的主要教学语言。1905年，圣约翰学校在美国注册，正式取得大学地位，毕业生可授予“美国大学毕业同等之学位”。圣约翰书院培养出了众多在政治、外交、商业、文化、医学等领域有杰出成就的人才。例如，顾维钧是著名的外交家，在国际舞台上为中国争取权益，宋子文是民国时期的重要政治人物和金融家，邹韬奋是杰出的新闻记者和出版家，贝聿铭是享誉世界的建筑大师，这些人才的涌现，充分证明了圣约翰书院在人才培养方面的成功。当时有文人作竹枝词《万航渡约翰书院》：“学堂约翰最驰名，多出成材毕业生。咸慕西师精教育，领凭赴职可知程。”这首竹枝词认为在所有大学里面要属圣约翰学堂最出名，这应该也是当时上海滩对这所学校的普遍评价，很多有才华有本事的人才都是从这所学堂里面毕业的。

除此之外，教会在江南还创办了许多著名的学校，如1892年春美国传教士海依士博士携一口铜钟，漂洋过海，来到中国苏州，创办了萃英书院。1911年改名为萃英中学。1952年该校与圣光中学合并，改名为苏州市第五中学校。清光绪二十八年（1902）由美国基督教圣公会创办了苏州桃坞中学。由基督教美北长老会和美南长老会联合创办了位于杭州钱塘江畔的之江大学，前身为1845年于宁波创立的崇信义塾。1911年称之江学堂。1914年，改名为之江大学。教会办学的首要目标是传播基督教教义，试图通过教育来培养学生的宗教信仰，将宗教思想渗透到日常教学中。

西方教会还深入江南腹地，在江南乡村大规模地办学，表现出独特的理念与实践。教会通过传教士将办学视为传播基督教教义的重要途径，在一些教会学校中，宗教课程为必修，学生需定期参加宗教活动和祷告，期望通过教育让更多人信仰基督教，认为教育是有力的传教手段。教会学校还积极引入西方教育模式。与传统乡村教育的死记硬背和应试不同，课程设置丰富多样，除语文、算术等基础课程外，还有自然科学、音乐、美术、体育等，拓宽学生知识面和视野。当时江南乡村重男轻女思想严重，教会学校大力招收女生，为女性提供受教育机会，冲击了传统性别观念，提升了女性的自我认知和社会地位。

▲ 1910 年左右，一位传教士在给乡间的孩子们讲课

▲ 20 世纪 20 年代以后，一个教会女子学校上课时的情景

▲ 20 世纪 20 年代教会创办的女子学校，学生上课情景

教会还在交通便利、人口集中之地建立学校校舍，建筑风格多为西式，与当地传统建筑形成鲜明对比。如在经济发达的江南乡村地区，教会中学相继成立，提供更高层次教育。师资培养与引进上，一方面从国外派遣传教士和教师，另一方面注重培养本地教师队伍，选拔优秀学生培训后留校任教，这些本地教师理解当地学生需求和文化背景。在学

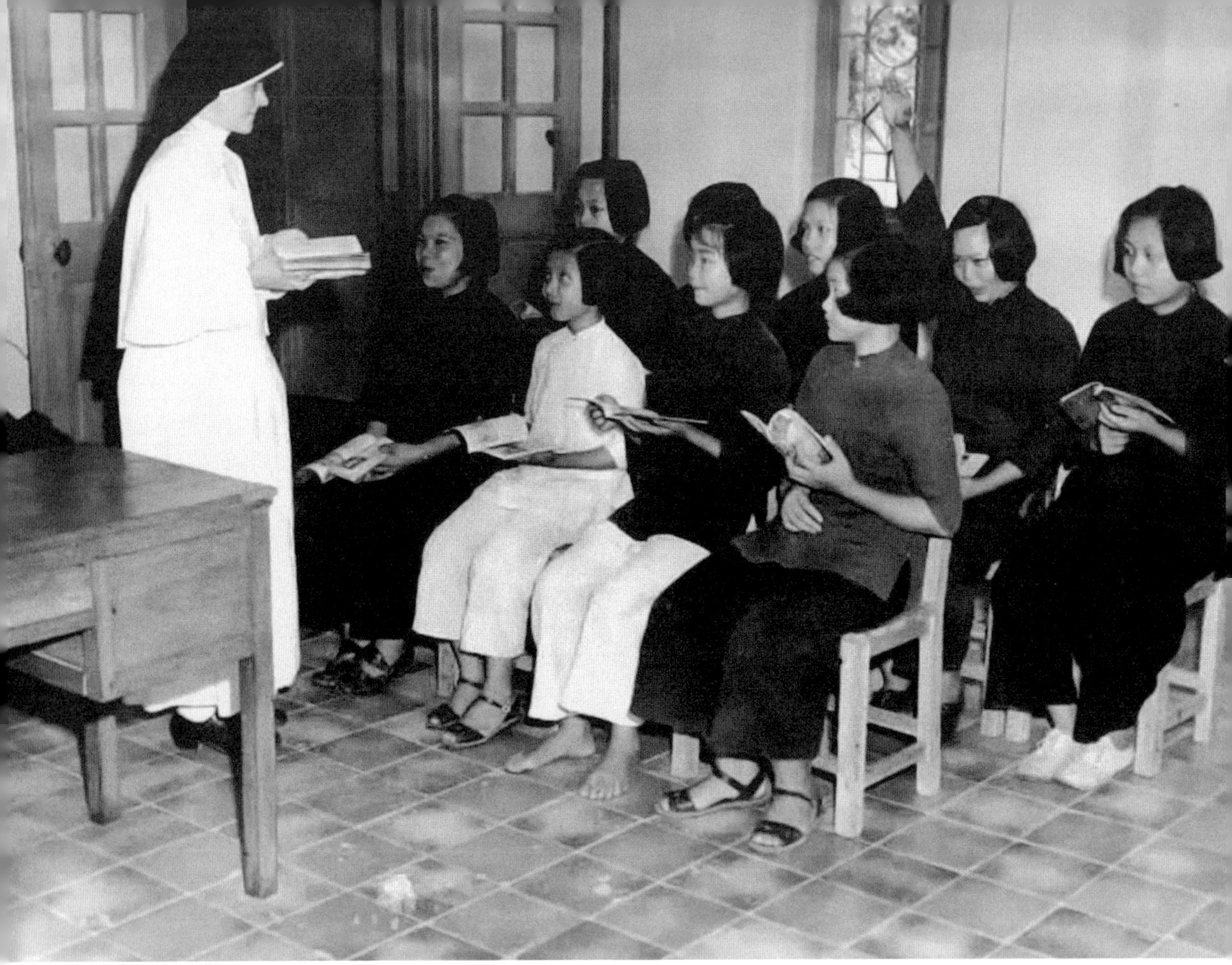

▲ 20 世纪 20 年代教会中学课程设置丰富，由外籍修女任教

生培养与影响方面，教会学校培养的学生与传统乡村教育的学生不同，他们掌握科学文化知识，接触西方思想观念和生活方式，具有较强适应能力和创新精神。一些毕业生进入城市成为早期新式人才，还有部分学生受影响投身宗教或社会公益事业。

清末民初教会在江南乡村的办学，虽有其宗教目的，但在一定程度上推动了江南乡村教育的发展和进步，为当地带来了新的教育理念和方法，对江南地区的发展产生了深远影响。

第四章

实用而多元的自然崇拜

古老的江南，有着古老信仰的传承，对各种神祇的崇拜，甚至可以追溯到远古时期。古人对自然现象缺乏科学的认识，将自然力量视为神秘而强大的存在，人们对它顶礼膜拜。这种古老的信仰传统代代相传，一直保持着强大的生命力。儒家文化强调人与自然的和谐相处，主张“天人合一”，使得人们更加关注自然，尊重自然，并且将对自然的崇拜与儒家的道德观念相结合，赋予自然神灵以人格和道德的属性，进一步丰富了自然崇拜的内涵。

江南河流、湖泊众多，水在人们的生活和生产中占据重要的地位。一方面，丰富的水资源为农业灌溉、渔业生产提供了便利，是人们生存和发展的基础；另一方面，水也具有一定的危险性，如洪涝、潮汐等自然灾害时常发生。因此，人们对水既依赖又敬畏，从而产生了对水神的崇拜，希望水神能够保佑他们免受水患之苦，同时也祈求水资源的合理利用和渔业的丰收。水上运输是重要的物流方式。船夫、渔民等从事水上作业的人群，他们的生命和财产安全与自然环境密切相关。他们对水神、风神等自然神灵的崇拜，是希望在航行和作业过程中能够得到神灵的庇佑，保佑他们平安顺利。

再如，江南地区有不少山地和丘陵，这些地形为人们提供了丰富的自然资源，如木材、石材、矿产等，但也给人们的出行和生产带来了一定的困难和危险。所以，人们对山丘也产生了崇拜之情，认为山中存在着山神，能够掌控山林的安全和资源的赐予。

农耕民族靠天吃饭，而农业生产受自然环境的影响极大。风调雨顺时，农作物能够丰收；但若遇到干旱、洪涝、台风等自然灾害，就会导致减产甚至绝收。因此，江南民众希望通过对自然神灵的崇拜和祭祀，祈求上天保佑他们的农业生产顺利，获得好的收成，这是他们对与气象有关的自然神的崇拜，通过对自然神灵的信仰来寻找一种心理上的安慰和对未来的预期。

自然崇拜的祭祀活动和信仰习俗往往是集体性的，参与这些活动能够增强人们的群体认同感和归属感。江南地区的民众通过共同参与自然崇拜的活动，加强了彼此之间的联系和团结，形成了共同的文化认同和价值观念。

▲ 清末至民国，一般江南人家条案上方供奉着“天地君亲师”“祖德流芳”之类类似牌位的神祇口号

天地神灵扶庙社

——天地神祇

从古至今，许多江南人家的中堂，都供着“天地君亲师”的牌位，有的是在黑色木牌上用金字漆书，有的是用红纸书写后贴在墙上，还有的则是装裱成卷轴悬挂起来。这是两千多年的文化传承，是古代祭天地、祭祖、祭圣贤等民间祭祀的综合，也是传统敬天法祖、孝亲顺长、忠君爱国、尊师重教的价值观念取向。

在江南文化中，人们对天地有着深厚的敬畏之情。江南地区水网密布、气候温润，独特的地理环境使得人们的生产生活与自然息息相关。“天地君亲师”中把“天”和“地”放在重要的位置，这与江南人对自然环境的依赖和敬畏相契合。江南民众感恩天地的赐予，这种对天地的尊崇反映在他们的生活方式和文化传统中。南宋诗人陆游《病起书怀》诗云：“天地神灵扶庙社，京华父老望和銮。”诗人在病中仍心怀国家，认为天地神灵会护佑国家社稷，体现出对神灵的一种期望和寄托，也反映出当时人们对天地神灵的敬畏和信仰。

据《山海经》记载，远古时代，上古先民就通过祭祀与天地沟通，感恩自然的眷顾，祈祷平安，风调雨顺，消灾祛邪。据史料记载，公元前两千多年的夏朝就诞生了一种非常尊贵的职业——巫，又叫祭司，他们是人与天地沟通的媒介，许多部族首领本身也是大巫。祭祀天地神祇，源于自然崇拜，中国古代以天为至高神，主宰一切，以地配天，化育万物，祭天地有顺服天意，感谢造化之意。

江南民众感恩天地赐予的习俗丰富多样，在一些重要的节日，如春节、冬至等，江南部分地区会有祭天仪式。春节时，人们认为这是万象更新、祈求新一年风调雨顺的好时机；冬至则被视为阴极阳生之时，也是与天沟通的重要节点。人们通常会在户外开阔之地，如庭院、村落广场等设立祭台。祭台上摆放着各种祭品，包括猪头、全鸡、鲜鱼，象征着三牲，苹果、橘子等寓意平安吉祥，年糕象征年年

▲ 晚清民国的道观、寺庙皆敬天法祖，恪守“举头三尺有神明”之训。图为一处寺庙的森严气象

高升等。一家之主或村里德高望重的人带领众人，燃香点烛，朝着天空行跪拜礼，口中念念有词，祈求上天保佑四季平安、五谷丰登等。

▲ 江南普通人家“天地君亲师”的牌位图

春节期间，民众会走亲访友，互相拜年。在拜年的过程中，人们会说一些感恩天地、祈求福运的祝福语，如“新年大吉，感恩天地庇佑，阖家安康”等。此外，很多家庭会在除夕夜守岁，当新年钟声敲响时，人们会在户外放鞭炮，向天地神致敬，至于“天增岁月人增寿，春满乾坤福满门”一类的春联，更是不胜枚举。年画也有很多与天地神祇相关的图案，这些神祇被认为是天地间带来福运的使者，人们通过张贴来祈求天地恩赐好运。

1935年，浙江嘉兴地区举行了隆重的“解天饷”庙会，乡人迎巡神明，焚化纸扎，以此方式来祈福求佑。这是当地民众对天地神表达敬意、祈求福祉的一种大型祭祀活动，参与的民众众多，场面十分热闹。青浦金泽镇在清末民国时期仍保留着较为丰富的祭祀天地神的传统，这里“桥桥有庙，庙庙有桥”，是对金泽古镇独特的桥庙文化景观的形象概括，镇上的民间信仰格局延续了明清儒家祭祀体系，民众会在特定的节日或其他日子里前往庙宇祭祀天地神，并且有着一套较为固定的祭祀仪式和流程。

▲ 民国时期供奉的“天地君亲师”牌位

苏州在明清时期是江南的文化和经济中心城市，祭祀天地神的活动也较为频繁和隆重。清末民国时期，虽然由于社会动荡、战争等因素，祭祀活动的规模和频率有所变化，但民间的小型祭祀活动仍然存在。例如在一些家族中，长辈们仍然会带领族人在特定的日子祭祀天地神和祖先，以祈求家族的平安和繁荣。杭州作为江南的重要城市，在清末民国时期也有祭天的传统，每年的冬至等重要节日，一些地方官员或士绅会组织祭天仪式，在专门的祭天场所搭建祭坛，准备丰盛的祭品，然后按照传统的礼仪进行祭祀。宁波是沿海城市，当地民众对海神有着深厚的信仰。清末，宁波的一些祭祀活动中会将海神祭祀与天地神信仰相结合，感谢天地的恩赐和庇佑。这种祭祀方式体现了江南地区祭祀文化的多元性和融合性。

江南的农业生产依赖于良好的气候和肥沃的土地，人们敬畏和感恩天地的自然力量，并为此举行隆重的祭祀仪式，体现了江南千年智慧中尊重自然、顺应自然的良好风尚。

▲“天地君亲师”牌位，有的是在黑色木牌上用金字漆书，有的是用红纸书写后贴在墙上

日出江花红胜火

——太阳崇拜

中国人有很多赞美太阳的古代诗句。唐代大诗人白居易《忆江南·江南好》一诗中的名句“日出江花红胜火，春来江水绿如蓝”，描绘了江南日出的美景，也从侧面体现出对太阳带来的光明与温暖的赞美。大诗人李白《望庐山瀑布》中的“日照香炉生紫烟，遥看瀑布挂前川”。更为大众所耳熟能详，这些诗句虽不一定是严格意义上的太阳崇拜，但在一定程度上表达了古人对太阳的欣赏与赞美之情。

中国人为什么有“太阳崇拜”情结，最根本的是太阳对人们的生产和生活产生了重要影响。在远古时期，太阳就给人类带来了光明和温暖，让人们得以在白天进行活动，驱散了黑暗带来的恐惧和未知。这种最直观的感受让他们将太阳视为带来舒适和安全的重要存在。进入新石器时代，农业逐渐发展起来，太阳对于农作物的生长起着决定性作用。农作物的生长需要阳光进行光合作用，充足的日照能够促使

▲ 古代太阳神崇拜普遍存在，太阳历法的发展也比较早。图为清华日晷，可根据日影观测时间

▲ 中国岩画中有着非常丰富的对日月崇拜的图像，图为江苏连云港将军崖岩画中祭天的场面

农作物茁壮成长、丰产丰收。人们认识到太阳的运行规律与农作物的生长季节、收成好坏密切相关，因此对太阳产生了敬畏和依赖，进而形成崇拜。

太阳的升起、落下，以及日食、日晕等特殊的天文现象，在古人看来充满了神秘色彩。这些现象无法用当时人们的认知水平来解释，他们便认为太阳具有超自然的力量，能够掌控天地万物的运行和变化。比如日食现象，当太阳被月球遮挡，天空突然变暗，这种突如其来的变化会让古人感到恐惧和惊慌，进一步加深了他们对太阳神秘力量的敬畏。太阳的光芒耀眼夺目，其能量巨大，能够照耀大地、驱散黑暗，给人以强烈的视觉冲击和心灵震撼。而且太阳的运行规律不受人类控制，它每天按时升起、落下，具有高度的规律性和稳定性，这种强大而又不可掌控的力量让古人对太阳产生了崇拜之情。

明清时期，原始太阳教、道教以及玄鼓教、黄天教等民间教派，遍布大江南北，不但传承太阳神信仰，而且造就了太阳神信仰的新形式和内容，并利用宗教民俗的力量，将其推向更广阔的层面，对一般民众的太阳神崇拜起到了推波助澜的作用。清末民初在一些乡村地区，特别是在浙江的一些古镇，就举办过这样的太阳庙会，吸引了周边众多村民前来参加。太阳庙会上，村民们会举行祭祀太阳的仪式。庙会上除了有各种商品交易、娱乐表演外，还会有专门的祭祀太阳的仪式。人们会抬着太阳神像游行，后面跟着众多信徒和民众，一路敲锣打鼓，焚香祭拜，场面十分热闹。

江南的一些传统手工艺品中，经常会出现太阳纹的装饰。比如在丝绸织物上，会绣有太阳纹的图案，这些丝绸制品有的被用来制作衣服、被面等，人们认为穿上带有太阳纹的衣服能够得到太阳的庇佑，带来好运和吉祥。在一些陶瓷制品上，也会绘制太阳纹，这些陶瓷器具不仅具有实用价值，也是一种具有文化寓意的艺术品。人们居住的民居建筑中，也能看到太阳崇拜的装饰，建筑的门窗、梁柱上会雕刻有太阳纹的图案，或者在屋顶的瓦片瓦当上会有类似太阳光芒的装饰，既体现了人们对太阳的崇拜，也为建筑增添了艺术美感。在苏南、浙北的不少民居老宅中，就能发现这样的建筑装饰。遇上立春、夏至等重要节气，人们会在开阔的场地或庙宇前设置祭台，摆放祭品，如水果、糕点、酒食等，然后集体面向东方（太阳升起的方向）祭拜太阳，祈求阳光充足、农作物丰收、家庭平安等。这种祭祀活动往往由村里的长辈或德高望重的人主持，村民们会非常虔诚地参与其中。

江南地区还流传着与太阳有关的传说与故事，如“九个太阳的传说”，即后羿射日的故事。讲的是古时候，天空同时有十个太阳，像十个大火团，烧焦了大地，烧死许多人和动物。神箭手后羿为帮助人们脱离苦海，射掉了多余的九个太阳。从此人们过上了光明温暖的生活。江南地区还有“天狗吃

▲ 1911 年法国出版的中国民间信仰图集里的“太阳神”

▲ 农历三月十九为太阳星君诞辰，民俗中的祭祀太阳

▲ 传统道家文化里的太阳宫，位于东天第十层天之东方，乃太阳星君之所居

太阳的传说”，说的是有一只恶狗，它痛恨太阳和月亮，想把它们吞吃了，让人间陷入黑暗。有一次，趁着太阳和月亮单独出来的时候，恶狗一下子就扑了上去，一口将太阳或月亮给吞进了肚里，于是就出现了日食和月食现象。“天狗吃太阳”的传说，说的是人们驱赶恶狗让光明重现的故事 。这些传说通过口口相传的方式在民间流传，成为江南民众太阳崇拜的一种文化体现。当人们遇到灾难或瘟疫时，如果能够在太阳升起的时候向太阳祈祷，就能够得到太阳的力量，战胜灾难和疾病，反映了人们对太阳的敬畏和崇拜之情。有关太阳的神话故事都富有想象力和生动性，展现了古代人们对太阳的敬畏和崇拜。

▲ 1923 年杭州弘道女子中学几名女学生在一座寺庙月亮门前的西湖游船上，留下倩影

不知江月待何人

——月亮崇拜

从上古时代起，人们就将月亮作为神明来崇拜。中国古代很早就有祭祀日月的礼俗信仰。太阳和月亮在古人的观念中代表着世界的两极。《淮南子·天文训》曰："日者阳之主也，是故春夏则群兽除，日至而麋鹿解；月者阴之宗也，是以月虚而鱼脑减，月死而蠃蚌膲。"日月分别为阴阳的代表，在时间上分属日夜，是构建历法体系的基础，季节上分属春秋，空间方位上属东西，五行中属水与火，两

者相互配合、相互依存。

月亮有阴晴圆缺的变化，这种规律性的变化，在古人看来十分神秘且充满了未知。月亮从新月到满月再到残月的循环过程，让人们联想到生命的轮回、万物的生长与衰亡。这种周期性的变化与古人对自然规律的探索和对生命延续的渴望相契合，使得月亮被视为具有神秘力量的天体，进而产生崇拜之情。

唐代诗人李端《拜新月》诗云：“开帘见新月，便即下阶拜。细语人不闻，北风吹裙带。”这首诗描写了女子拜月的情景，展现了古人对月亮的崇拜和敬畏。女子看到新月便立即下阶拜祭，其虔诚的态度反映了月亮在人们心中的神圣地位。在月神崇拜和众多的月亮神话中，那些月中仙子、仙人以及玉兔、蟾蜍、桂树等传说中的人与物，让我们头顶上的月亮成为中华人文景观和文化历史。它滋养着诗人的心灵，激发了他们的想象。唐代诗人张若虚《春江花月夜》云：“春江潮水连海平，海上明月共潮生。”“江天一色无纤尘，皎皎空中孤月轮。江畔何人初见月？江月何年初照人？人生代代无穷已，江月年年望相似。不知江月待何人，但见长江送流水。”人生代代，人们遥望月亮思念亲人、故乡，抒发思古之幽情、个体之孤独，祈愿天长地久、团圆美好。这首诗被誉为“孤篇盖全唐”，以其细腻的笔触和深邃的意境，描绘了春江花月夜的美景。诗中对月亮的描写极为生动，将月亮与江水、春花等自然景观融为一体，营造出一种空灵、优美的意境，体现了作者对月亮的赞美和敬畏之情。

▲ 1870 年的宁波水月桥和一座纪念寺

▲ 1905 年杭州西湖上的太湖石、百合花和锯齿桥，月光下三重反射

在古代，没有现代的照明设备，月光成为夜晚的主要光源，为人们在黑暗中提供了一定的可见度，方便人们夜间的活动。对于江南地区的民众来说，水乡众多，夜晚的月光对于水上作业、出行等活动具有重要意义。因此，月亮的实用价值也加深了人们对它的关注和崇拜。

中国古代有众多与月亮相关的神话传说，如“嫦娥奔月”“吴刚伐桂”“玉兔捣药”等，这些传说在民间广泛流传，为月亮增添了神秘的色彩和浪漫的氛围。江南地区文化底蕴深厚，对这些神话传说的传承更为深入，民众从小就接触这些故事，使得月亮在他们心中具有特殊的地位。嫦娥奔月的故事中，嫦娥飞向月亮成为月中仙子，居住在广寒宫中，这让人们对月亮上的世界充满了想象和向往，进一步强化了对月亮的崇拜。道教和佛教等宗教对月亮也有一定的推崇。在道教中，月亮被视为太阴星君的化身，具有神圣的地位，能够保佑人们平安、健康、幸福。

▲ 民国时期祭祀月亮神，朝着月亮摆上一个大香案，香案上置放月饼和水果，再点上蜡烛，跪在香案前对着月亮磕头

▲ 民国时期江南人家的几个少年在祭祀月亮的香案前伫立

江南地区是中国的重要农业产区，农业生产与自然环境密切相关。月亮的运行与潮汐、节气等自然现象有着紧密的联系，满月时的潮水较大，有利于水田灌溉。民众认为月亮对农业生产具有重要的影响，从而对其产生崇拜和敬畏之情。每到中秋节等重要节日或初一、十五等特殊日子，江南地区的人们会举行拜月仪式。文人墨客则在月圆之夜，常常会相聚在园林、湖畔等风景优美的地方，举行赏月雅集。他们一边欣赏着明月，一边吟诗作画、饮酒作对，留下了许多与月亮相关的文学艺术作品。

从先秦时代起，望月怀人的咏月主题风靡一时。《诗经·陈风·月出》开创了我国古代诗歌以月亮为意象来喻美人、寄情思的传统。《国风·邶风·雄雉》中的“瞻彼日月，悠悠我思”之句，就是以日月往迭思君子从役之久的咏月怀人诗。古人将许多美好的情感倾注在月亮上，月亮也成为游子思乡、亲人怀念和离别的借物抒情载体。如张九龄“海上生明月，天涯共此时”等佳作，反映诗人复杂情感，悲欢离合、喜怒哀乐皆蕴其中。月亮在文学作品中寄托诸多情感，寓意丰富唯美，象征独特多元。那道中华文化中的月光生生不息，滋养心灵，咏月诗词成为民族文化名片和精神认同具象，承载着中华民族的独特情感与记忆。

香火终年佑四邻
——土地社神

清末民国时期，土地神在民间信仰中占据着重要的地位。土地神被视为地方保护神，能够保佑一方平安、风调雨顺、物阜民康。在那个时代，土地庙遍布全国各地乡村，人们对土地神的信仰极为普遍。无论是在城市还是农村，无论是富贵人家还是贫苦百姓，都对土地神怀有敬畏之心。《太平御览》引《礼记外传》称“国以民为本，民以食为天，故建国君民，先命立社”。

土地孕育万物，又生养万物，长五谷以养育百姓，此乃中国人所以亲土地而奉祀土地的原因。早在古代宗教组织产生前，人们在祭祀天地山川的活动中，就把土地列入其中。最初的土地神多以石块等自然物为象征，并无具体神像。古代土地神和祭祀土地神的地方被称为“社”，社神也就成为祭祀系统中的祀典之神。

《说文解字》中的“社”解释为“地主也，从示、土”，即土地之主、土神。写法上从“示（神主）”，从“土”。“示”字在甲骨文中表“桌石”“灵石”，原始初民把一竖一横的石块架叠成石桌

▲ 江南颇为神气的土地神石像

形，拟作“神”像来膜拜。“土”字甲骨表示从地面上凸起来的一堆土，古人将这种堆起来的土看成神，并向它祭献。后来“示”“土”两个字合为“社”字，会意为“土地之神”，也作“祭神之处”。

原始的土地神崇拜具有地区性、民族性特征。统一王朝出现后，产生了以整个国家的大地为对象的抽象化的地神崇拜，称为后土、地祇，由皇帝专祀。而各诸侯国、大夫采邑、乡里村社则奉祀管理本地区的社神。这些社神不仅有自然属性，还带有社会职能，并逐渐被人格化，成为管理某一地区的地方守护神。江南一带土地庙常有对联：“公公做事公平，婆婆苦口婆心。”

人们祭祀社神，在一些重要的节日或场合，人们会通过祭祀社神来祈求风调雨顺、五谷丰登、国泰民安等。社神在古代社会信仰体系中具有较高的地位，是人们生活中重要的精神寄托。社神也被民间称为“土地公公”“土地爷”“后土”“土正”“土伯”等。其形象多种多样，有的地方土地庙所供形象大都是白须白发、和蔼慈祥的老人，也有一些地方的社神形象像城隍打扮。社神是中国古代土地信仰的重要体现，对中国古代社会的文化、宗教、民俗等方面都产生了深远的影响。

▲ 民间祭祀社神的社舞

清末的江南，土地神信仰极为普遍。几乎每个乡村都有土地庙，有的设在村头，有的设在村中，建筑较为简陋，有的甚至仅用几块石片，一片作顶，三片作墙，或用一只破缸覆在地上。民众会定期到土地庙祭祀，祈求土地神保佑风调雨顺、五谷丰登、家宅平安、六畜兴旺等。江南地区遵循传统的土地神祭祀节日。例如每年农历二月初二是土地神诞辰，这一天家家会作祭，庙宇中除供拜外，还演戏娱神，为土地公公祝寿。汉族民间包括江南地区对土地神的崇拜，经历一个漫长的过程，从对土地的自然属性、土地对社会生活影响力的崇拜，到对土地神管理土地的权威崇拜，人们把土地当作自然神，崇拜土地的自然性质及其作用，并向土地直接献祭礼拜。

▲ 民国时期一处土地庙旁站立着抽旱烟的农夫

旧时，官府和百姓都到土地庙烧香奉祀。

土地公公还是商人崇拜的财神，商人每个月的农历初二、十六，都要祭拜土地公，称为“做迓”（或做牙）。土地神是功能性极强的神，作为一乡一里之“地方行政”神，保护乡里安宁平静；也有人认为其属于城隍之下，掌管乡里死者的“户籍”，是地府的行政神。但凡有人烟处，都敬土地。有些地方还为土地老爷配了一位女人，在土地庙中合并祭祀他们两口子。人们凡有不幸、灾难、苦恼，都要前往土地庙烧香祭拜，祈求保佑。民国时期有竹枝词写“祭土地爷”：“村头土地庙中神，香火终年佑四邻。莫笑泥胎无话语，心中善恶自明分。”这首竹枝词强调了土地神在村庄中的守护作用，虽然土地神只是泥胎塑像，但在人们心中却能明辨善恶，庇佑着村庄的安宁。“土地公公坐庙台，乡民岁岁拜将来。风调雨顺心中愿，谷满仓盈笑口开。”生动地描述了乡民们每年都来祭拜土地神，希望能获得风调雨顺的好年景，等到谷物满仓时便会开心地笑起来，体现了土地神信仰与人们农业生产、生活的紧密联系。

▲ 民国时期因陋就简的土地庙，祭祀土地神和祖先，成为歌颂祖宗恩德的民间祭祀场所

▲ 民国时期民间的土地神和简易的神龛

▲ 大禹治水，利在千秋。图为民国时期敬奉治水英雄大禹的碑亭

水神庙外江水流

——水神信仰

江南地区水网密布，时常面临洪涝等水患灾害。在科技不发达的古代，水患对民众的生命和财产安全造成巨大威胁，人们无力应对，便将希望寄托于水神，祈求水神能够平息水患，保护家园。例如，传说中的大禹治水故事在江南地区广泛流传，大禹也被视为具有治水神力的水神，民众对其敬仰有加，希望他能保佑当地免受水灾之苦。水又是农业生产的关键要素，江南以农耕为主，民众需要充足的水源进行灌溉以确保农作物的丰收，因此信奉水神，祈求水神能够带来适量的雨水，使庄稼茁壮成长，实现农业的丰收，过上富足的生活。

江南民众的水神信仰又是与龙王的神话传说密切结合的。水神信仰是一种植根于传统农业社会中的自然崇拜，民众的生产生活与水息息相关，对水既依赖又敬畏，从而形成了广泛的水神信仰。早期的水神信仰对象较为多样，包括神话传说中的英雄人物、地方神祇等，他们都被认为具有掌控水的力量。从唐代开始，龙王崇拜逐渐兴起和普遍化，并不断融入江南地区的信仰体系中。龙王被视为水神的一种重要形式，其形象与功能逐渐被民众所接受和认可。龙王能够掌控雨水、兴云布雨，这对于以农业生产为主的江南地区来说至关重要，因此龙王信仰在江南地区迅速传播开来。

▲ 始建于清顺治年间的江苏宿迁皂河祭祀水神的龙王庙行宫全景

▲ 1911 年法国出版的中国民间信仰图集里的四神，从左至右分别是阳侯（形象似怪力之神）、海神伍子胥、波神和潮神

无论是传统的水神还是龙王，都被认为具有保护水域、防治水患的职责。江南地区经常面临洪涝等水患灾害，民众希望水神和龙王能够保佑他们免受水灾的侵袭，守护家园和农田的安全。例如，在一些洪水频发的地区，会有专门祭祀水神或龙王的庙宇，人们会定期前往祭拜，祈求水患平息。正因为如此，江南地区建有众多的水神庙和龙王庙，这些庙宇成为民众祭祀水神和龙王的重要场所。在一些地方，水神庙和龙王庙可能会同时存在，或者在同一座庙宇中同时供奉水神和龙王的神像。人们会在特定的节日或纪念日前往庙宇进香、供奉祭品、磕头朝拜，表达对水神和龙王的虔诚敬意。

江南地区流传着大量与水神和龙王相关的民间传说和故事，这些传说和故事相互融合、相互影响。有些传说中，水神和龙王会一起出现，共同应对水患，帮助民众解决困难。例如，在一些传说中，龙王会听从水神的指挥，一起降雨救灾；或者水神会协助龙王管理水域，维护水界的秩序。这些传说和故事不仅丰富了江南地区的民间文化，也进一步加深了民众对水神和龙王信仰的认同。

清末民初上海有老闸大王庙，位于今福建路桥南堍，又称通济龙

▲ 伍子胥是越国人民的仇敌，死后成神，竟被两国百姓共同敬仰。图为杭州伍公庙

▲ 民国时期浙江海宁位于钱塘江边的占鳌塔，是为镇服潮神而建造的楼阁

王庙，主要祭祀金龙四大王，就是水神与龙王庙的组合。金龙四大王谢绪，是宋会稽诸生，为晋太傅谢安的后裔。他居住在钱塘的安溪，后来隐居在金龙山的白云亭，在家兄弟中排行老四。南宋咸淳年间，浙江发生大饥荒，谢绪捐出自己的家资来赈济饥饿的百姓，救活了很多人。南宋末年，元兵攻入临安，掳走太后、少帝。谢绪因不愿做亡国奴，义不臣虏，投江而死。传说他投江后尸体僵立不坏，乡人感其忠义，将他埋葬在祖庙侧。元末，朱元璋与元将蛮子海牙战于吕梁。元军顺流而下，朱元璋的军队即将溃败。此时，朱元璋忽见空中有一神披甲执鞭、驱涛涌浪。河水忽然北流，遏截敌舟。元军战船震动颠撼，朱元璋军队乘机进击，最终元军大败。朱元璋认为是谢绪显灵相助，对其感恩嘉赏。明景泰七年（1456），人们在沙湾创建了金龙四大王专祠，永乐年间，因漕运的重要性，金龙四大王信仰进一步传播。到了嘉靖年间，金龙四大王神迹的产生使得其信仰经历了近百年的发展，最终为官民所普遍接受，金龙四大王成为重要的运河水神和漕运保护神。金龙四大王信仰在明清时期广泛传播，沿运河的很多地方都建有金龙四大王庙。清末上海的老闸大王庙主要祭祀的就是金龙四大王。

晚清有佚名作者作竹枝词《祭祀水神》云：“水神庙外江水流，善男信女拜不休。只求平安风雨顺，岁岁丰收乐无忧。”无论是水神信仰还是龙王信仰，其背后都蕴含着江南民众对自然力量的敬畏和祈求平安、幸福和福祉的愿望。人们希望通过祭祀水神，获得神灵的保佑，使自己的生活顺遂、家庭和睦、农作物丰收。

只待新雷第一声

——风雨雷电

刮风、下雨、打雷、闪电……原本是天地中的四种自然现象，或是由空气流动，或是由大气循环引起剧烈摩擦所产生的电闪雷鸣……中国人为什么要把“风雨雷电”等自然现象，封为神祇呢？其中当然有复杂的历史原因。

首先是人们对自然的敬畏。古代文化中，有“天人合一”的观念，人们认为自然现象和人事是相互关联的，古人见月缺花残，尚且会黯然落泪，那么自然界中风雨雷电的强大力量和不可预测性，更会使人们感到恐惧和敬畏。人们对自然现象的认知有限，比如雷雨交加的天气中，巨大的雷声和耀眼的闪电，再加上瓢泼般的大雨，具有很强的震撼力，人们无法理解这种现象产生的原理，便将其视为超自然的力量，认为背后有神灵在操控，从而对其进行神化和崇拜。

▲ 1911 年法国出版的中国民间信仰图集里的风伯与雨师

风雨雷电等自然现象又与人们的日常生活息息相关。风可以带来凉爽，但强风也可能摧毁房屋和庄稼；适量的雨水是农作物生长的必要条件，但暴雨可能引

▲ 1909 年 4 月，江南一支前往神庙祭拜的队伍，去举行一场祈雨仪式

发洪涝灾害；雷电有时会引发火灾，对人们的生命和财产造成威胁。由于这些自然现象对人们的生活影响巨大，人们希望通过对相关神祇的祭祀和信仰，来祈求风调雨顺、避免灾害。在中国的宗教和神话传说中，神灵的存在和力量被广泛宣扬。道教、佛教等宗教都有各自的神灵体系，其中不乏与自然现象相关的神祇。这些宗教和神话传说的传播，加深了人们对风雨雷电等自然现象神化的观念。例如道教中的风神、雨神、雷神、电母等神祇，在宗教经典和传说中都具有强大的法力和特定的职责。

面对自然的强大力量和生活中的不确定性，人们需要一种心理寄托和精神支持，将风雨雷电封为神祇，为人们提供了一种信仰和依靠，使人们在面对困难和挑战时能够获得心理上的安慰和力量，相信神灵会保佑自己渡过难关。

清末江南私塾教育以儒家经典等为主，自然科学知识鲜少纳入。民众缺乏系统的自然科学教育，对风、雨、雷电成因的科学认知更是一无所知。有文化的士人对自然科学研究理解也有限，且科技书籍稀少。民众常将自然现象与人事相连，异常的风雨雷电被视为上天警示或惩罚。农民虽有经验性气象知识，但缺乏科学验证。遇到极端天气，民众困惑无助，只能靠神灵信仰解释，缺乏正确认识自然现象的科学渠道。

在南北朝时期，江南地区就有孟婆作为风神的传说。传说她是帝之女，出行时会伴随风雨。后来随着江南地区人文教化的普及，孟婆的形象逐渐从暴虐的风神演变为一位贤良淑德的农妇。在大旱之年人们向其祈祷会有大风挟甘霖而至，风雨交加时向她祈祷则会风停雨霁。在道教文化不断的附会下，除了“风神”，还有“风伯”，作为传统的风神形象，在江南地区的信仰体系中一直占有一定的地位。

在江南地区，龙王常被视为雨神。传说中，龙王能够掌控雨水，人们在干旱时节会前往龙王庙祭祀，祈求降雨。清末时期，江南可能会有一些地方在久旱不雨时，举行盛大的祭祀龙王的仪式，民众烧香

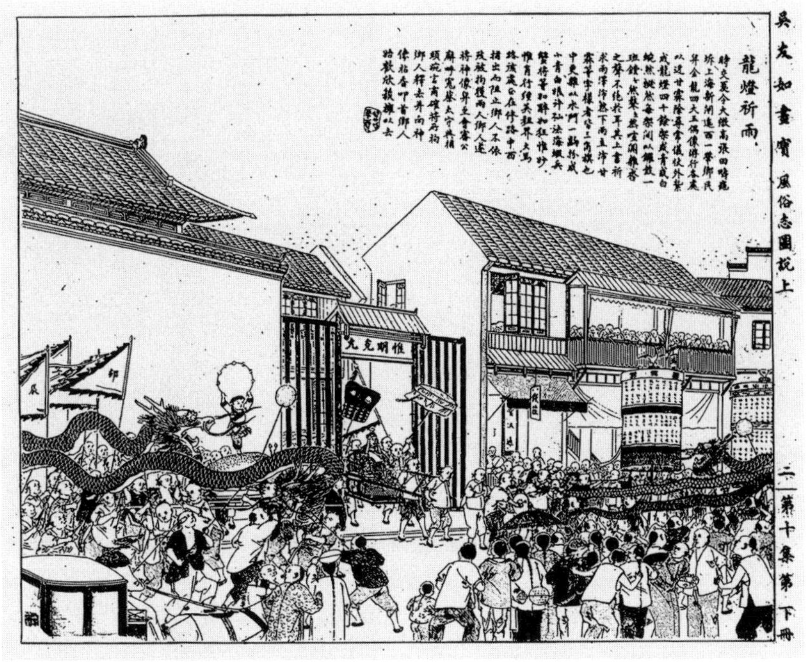

▲ 晚清吴友如画中描绘的“龙灯祈雨”

拜佛、献上祭品，祈求龙王降雨解旱。一些地方会组织大规模的求雨游行，队伍中抬着龙王的神像。人们一边敲锣打鼓，一边高呼求雨的口号，场面十分壮观。

▲ 1906 年普陀山法雨寺一幅石刻，祈求雷公从母亲墓上离开

▲ 1940 年 5 月立夏日，安徽省灵璧县城祈神风调雨顺祭祀活动现场

民间广泛流传着关于风、雨、雷、电的神话传说，这几种自然现象几乎都被描绘成有着巨大威力的神灵。这些形象和故事的广泛传播，使得人们对自然现象的理解停留在神话层面，神话观念深入人心，也阻碍了民众对雷电形成科学认识。雷神和电母是一对司掌雷电的神祇。当雷电天气特别强烈时，人们会认为是雷神在发怒或在惩罚恶人。在一些乡村地区，如果有人做了坏事，恰逢雷电产生，就会有人将其与雷神的惩罚联系起来。据说清末思想家、文学家龚自珍南行路过镇江时，曾见到人们抬着玉皇、风神、雷神在虔诚地祭拜。这也从侧面反映了当时江南地区对雷神等神祇的祭祀活动是比较普遍的。清代诗人张维屏作《新雷》诗云：“造物无言却有情，每于寒尽觉春生。千红万紫安排著，只待新雷第一声。”这首诗将新雷视为春天到来的信号，表达了对新的开始和希望的期待。在诗人笔下，“新雷”不再是令人恐惧的自然现象，而是带来生机和希望的象征，体现了诗人对自然和生命的独特感悟。

▲ 火神因燧人氏、炎帝与祝融，演绎成华夏民族的祖先，承载着丰富的历史文化信息

送君一盏油灯挂

——火神灶神

灶神，也称灶王、灶君、灶王爷、灶公灶母、东厨司命等，中国古代神话传说中的司饮食之神。灶神是男是女？古有不同说法，一般经学家以灶神为老妇，或为美女，唐李贤注引《杂五行书》又称：“灶神名禅，字子郭，衣黄衣，披发，从灶中出。”大约出于清代的《敬灶全书》则称，灶君姓张，名单，字子郭，当属男神。现在民间供奉的东厨司命、定福灶君的纸马，往往是一对老夫妇并坐，即灶君和灶君夫人的画像。看来中国百姓怕男性灶神寂寞，又为其添了一位灶神夫人一同供奉，倒是充分体现了“以人为本”的精神。与此同时，灶神又与一些神秘的动物有着某种奇幻诡秘的内在联系。

火对于人类的生存和发展具有极其重要的意义，远古时期人们学会用火来取暖、照明、烹制食物，从而对火产生了敬畏和崇拜之情。这种对火的原始崇拜是灶神和火神共同的信仰起源。在江南地区，这种对火的敬畏一直存在，人们相信火具有神秘的力量，能够带来福祉或灾难。而灶是人们日常使用火的地方，是火在家庭生活中的具体体现。灶的出现使得火的使用更加安全和便捷，人们在灶上烹饪食物、烧水等，灶成为家庭生活的核心。因此，灶与火紧密相连，灶神作为灶的守护者和管理者，自然与火神有着密切的关系。

火神与灶神的同源性，也造成了其职能上的相似性，火神被认为具有掌控火的力量，能够带来光明、温暖和熟食，同时也具有毁灭的力量，如火灾等；灶神在家庭中主要负责监督一家人的善恶功过，并在每年特定的时间上天向玉皇大帝汇报。这与火神的监督和审判职能有一定的相似性，都是对人们行为的一种监察和评判。此外，灶神作为饮食之神，也与火神带来熟食的功能相关联，都是保障人们基本生活需求的神灵。

在中国神话传说中，炎帝是最古老的火神，古称“火帝”，又是传说中最古的灶神之一。《淮南子·氾论训》记载：“炎帝作火，而死为灶。”火神祝融亦是中国最古的灶神之一，孔颖达注释《礼记·礼器》道：“颛顼氏有子曰黎，为祝融，祀以为灶神。”同为火神与灶神的炎帝与祝融有亲缘关系，据《山海经·海内经》记载，祝融是炎帝的玄孙。原为火神的炎帝和祝融演变为灶神，是人们把自然火引进居室这一人类用火史在神灵世界的反映。这种火神成为灶神的实例在中国的江南地区和各民族中都是很普遍存在的。

在一些传说中，火神和灶神的身份有所交织。例如，祝融被认为是中国古代神话中的火神，同时也被视为灶神。祝融教会了人们用火来烹饪食物，改善了人们的伙食，因此被尊为灶神。在江南地区，关于灶神和火神的故事在民间口口相传，随着时间的推移，这些故事不断演变和融合。一些民间故事中，灶神甚至被描绘成火神的助手或下属，协助火神管理火的使用；而在另一些故事中，灶神则是火神在家庭中的化身，专门负责家庭中的火事。清末江南的灶神与火神原本同源，这种同源关系体现在起源、信仰基础、职能以及传说故事等方面。

▲ 火神的崇拜，起源于古人对火的崇拜。道教产生后，继承并发展了这一古老的信仰，产生了更具人性化的火德星君

▲ 东京国立博物馆收藏的“十二天之火天”火神画，展现了人们对火神的想象和崇拜之情

这种同源性反映了古代人们对火的敬畏和对生活的关注，也体现了民间信仰的丰富性和多样性。

魏晋以后，灶神有了姓名。隋杜台卿《玉烛宝典》引《灶书》称：“灶神，姓苏，名吉利，妇名搏颊。”祭灶礼俗发展到清代已臻于一个完整的祭仪系统，江南地区除了各地统一的腊月祭灶之外，还

▲ 1940 年沿海地区一处火神庙供奉火神祝融本尊

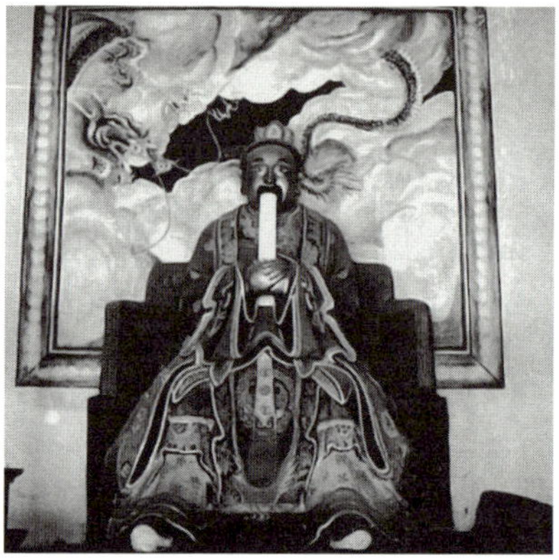

▲ 民国时期江南火神庙内的火神爷造像

有各种与起屋盖房、节令岁时、行业性别等相关的祭灶。在苏州，送灶这天，以旧灯笼糊上红纸挂在灶龛两旁，并且贴上一副对联：“上天言好事，下界保平安。”入夜，祭灶的食品是一叠特制的圆形麦芽糖，叫作“灶糖”，有的还做成元宝形，称为“糖元宝”，另外还配上一盘“谢灶团”，以米粉裹豆沙馅制成。之所以必用麦芽糖的缘故，是因为今夕灶神要上天向玉帝汇报这家人一年的所作所为，为使他“上天言好事”，因此用糖甜他的心，能胶粘牙齿，少说为妙。据清周宗泰《姑苏竹枝词·送灶》：“团子年糕汤水圆，饴糖元宝供神前。送君一盏油灯挂，扫却尘灰上碧天。”乡间甚至用糯米粉裹豆沙馅为团，祭祀灶神，名“谢灶团”。

飞来峰前山万重

——山神崇拜

山神庙原本是古人将山岳神化而加以崇拜的祭祀场所。为什么要祭祀山神？这是古人为了表达对自然的敬畏而形成的仪式。在上古社会，人们对自然的认知有限，开发和改造自然时遇到诸多阻碍，高山密林对他们来说神秘莫测且充满危险。山中不仅有凶猛野兽等有形的威胁，还有无形的、令人恐惧的鬼魅等未知存在。《礼记·祭法》中就记载：“山林川谷丘陵，能出云，为风雨，见怪物，皆曰神。”这反映出古人认为自然万物皆有神明，山便有了山神。人们相信这些神秘力量能够影响他们的生活，出于敬畏而产生了对山神的崇拜。

在古人的观念中，高山被视为大地和天庭的交通渠道，是神族的聚会场所，代表着诸神的意志。比如华夏众神居住在昆仑山，这种观念使得高山具有了神圣性，进而衍生出对山神的信仰。山为人们提供了丰富的资源，如猎物、果实、草药、木材等，是人们生存的重要依靠。人们感恩山的馈赠，同时也希望山神能继续保佑他们获取充足的资源，从而对山神进行祭拜。

▲ 江南的山神庙一般都矗立在山丘顶端，亭子有飞檐，一旁还有简易的石阶，周围地势开阔，显得有些苍凉

▲ 清末民初的送子观音山神庙正殿老照片

在中国，有关山神的传说源远流长，史书古籍中不乏有关山神的传说。如大禹囚禁商章氏、兜庐氏等山神的故事。山神之所以能受到人们的崇拜，是因为它权力很大，它主宰风雪、冰雹和狩猎、采集的丰歉，它还主宰着天时地利的顺逆，生物的兴衰繁减，人们的安危生死，甚至瘟疫的传播和消除也在它的职权范围。山神能保佑人们平安健康，六畜兴旺。山神容易被触怒，凡是经过高山雪岭、悬崖绝壁、原始森林等地方都必须处处小心，最好不要高声喧哗，大吵大闹，否则触怒了山神，立刻就会招来狂风怒卷，雷电交加，大雨倾盆，泛滥成灾；若是冬天，就会风雪弥漫，难以出行。因此，山神被尊为灵验的神。同时山神经常以骑马猎人的形象

▲ 山神是道教神话体系中的重要组成部分，象征着对大自然的敬畏与崇拜，体现了人类与自然和谐共处的理念

巡游在高山峡谷之中，人很容易碰到它，一旦触犯，轻者患病，重者死亡。

江南民众通常会选择一些特定的日子去祭祀山神，有些地方可能也会在遇到重大事件、祈求庇佑或还愿时进行祭祀。香烛是祭祀中必不可少的，代表着对神明的敬意和沟通的媒介。烛火也会被点燃，照亮神明，象征着光明和希望。一般还会供奉新鲜的水果，摆放成整齐的果盘，酒和茶也是常见的祭品，酒可用来敬神，茶则表示敬意和清净。在一些较为隆重或特殊的祭祀活动中，可能会有猪、羊等动物作为祭品，祭祀前会有人提前对山神庙进行清扫，擦拭神像、整理庙内的物品和环境，以表示对神明的尊重和虔诚。

祭祀过程通常是民众进入山神庙后，会先将祭品摆放在神案前。然后点燃香烛，手持香向山神像鞠躬或拜祭，心中默念自己的祈求和愿望，如祈求平安、健康、丰收等。上香的数量可能也有一定的讲究，比如三炷香，分别代表天、地、人。上完香后，将准备好的果盘、五谷杂粮、酒、茶等祭品供奉在神案上，让神明“享用”。然后跪在山神像前，虔诚地磕头，表达对山神的敬畏和感恩之情。在一些较为正式或有传统的地方，可能会有专人诵读祭文，祭文的内容主要是歌颂山神的功德、表达民众的敬意和祈求等。祭祀结束后，有些民众会将部分祭品带回家中与家人分享，认为这样可以得到山神的庇佑和祝福。

▲ 民国时期江南民众祭祀山神的场景

江南的一些山神庙也流传着各种传说。比如有的山神庙据说非常灵验，人们在山中遇到困难或危险时，向山神庙祈祷就能得到庇佑。元末文人杨维桢有诗云：“石新妇下水连空，飞来峰前山万重。妾死甘为石新妇，望郎或似飞来峰。”诗人以女子的口吻，虽然在“石新妇”和“飞来峰”缠绵悱恻，不过“飞来峰前山万重”一句，从“山万重”可以看出山脉的层次极为丰富。这些山峦层层叠叠，由近及远，像波浪一样连绵不断。众多山峦堆叠在一起，会给人一种深邃的感觉。让人联想到山的深处可能隐藏着神秘的事物。同时，这种山景也带有一种悠远的意境，层层山峦往往能营造出一种宁静的氛围。没有城市的喧嚣，只有山与山之间的静谧。仿佛这些山峦见证了岁月的变迁，承载着历史的厚重，其整体的景象是非常壮观的。它们如同大地的脊梁，屹立不倒，给人一种磅礴的气势，让人感受到自然力量的宏大和不可抗拒。

▲ 1946 年外国传教士镜头里的江南山神庙和山居夜景

▲ 清末为家庭无病无忧供奉的神灵药盛爷的民俗画

信众纷纷拜圣徒

——泛神信仰

江南地区有着悠久的文化传统，从古代起就传承多神信仰的传统。在民俗信仰中是儒、释、道三家的信仰体系相互交融。在江南泛神信仰中，道教的城隍神，以及其他一些神灵被赋予了维护社会道德和伦理秩序的职责，体现了儒家思想的渗透，不仅被视为城市的保护神，还承担着监督人们善恶行为、维护社会公正的功能，这与儒家所倡导的道德观念相契合；还有认为人的行为会影响其命运和来世，神灵会根据人们的善恶行为进行奖惩，这又体现了佛教因果观念与传统信仰的融合；再如关公信仰，在儒家被视为忠义的象征，在道教中被尊为关圣帝君，在佛教中则被称为伽蓝菩萨，成为横跨三教的神灵，反映了儒、释、道三家信仰体系在民间的相互渗透和融合。

江南的泛神信仰在祭祀仪式上常常融合了儒、释、道三家的元素。在一些大型的祭祀活动中，既会有儒家所倡导的庄重的祭礼仪式，如供奉祭品、宣读祭文等，也会有佛教的诵经、念佛等仪式，以及道教的斋醮科仪等。这些不同宗教仪式的融合，使得祭祀活动更加丰富多彩，也反映了儒、释、道三家信仰在实践层面的相互交融。

▲ 明末清初三彩送子观音像。观音头戴风帽，身披风衣，右手抱揽手拿拨浪鼓的童子，结跏趺坐于椭圆形须弥座上，法相庄严

▲ 1914 年江南道观宫庙“有求必应”额匾

一些重要的宗教节日在江南地区也呈现出融合的趋势。如农历四月初八的浴佛节，原本是佛教的重要节日，但在江南地区，人们会在这一天祭祀祖先、祈求平安等。道教的中元节与佛教的盂兰盆节在时间上相近，在江南这两个节日的庆祝活动也相互影响，融合了祭祀祖先、超度亡灵、祈福消灾等多种内容，体现了儒、释、道三家在宗教节日方面的相互借鉴和融合。在民俗传统方面，泛神信仰带来了丰富多样的祭祀活动和节日庆典。不同的神灵有不同的祭祀时间、方式和仪式，这些祭祀活动成为江南民众日常生活的重要组成部分，并且随着时间的推移，逐渐形成了固定的民俗传统。

泛神信仰为民众提供了心理上的支持。在面对生活中的困难和挫折时，如亲人离世、生意失败等，民众通过向神灵倾诉和祈求，获得内心的平静和继续生活的勇气。一个商人在生意破产后，会到财神庙祈求财神保佑自己能够东山再起，这种信仰给予他希望和精神动力。许多神灵的传说和故事中都包含着劝人向善、尊老爱幼、诚信待人等道德观念。民间传说不孝之人会受到雷公电母的惩罚，这种观念在一定程度上规范了民众的行为，维护了社会的公序良俗。

儒、释、道三家的信仰体系和江南的泛神信仰，都是中国传统文化的重要组成部分，它们在传承和弘扬中华优秀传统文化方面发挥着协同作用。通过祭祀仪式、神话传说、宗教艺术等形式，这些信仰传承了中华民族的价值观、道德观念、审美情趣等，丰富了江南地区的文化内涵，促进了文化的传承和发展。

▲ 清末为家庭做针线活供奉的神灵王奶奶神像的民俗画

由于泛神信仰的存在，江南各种迎神赛会特别发达。《吴门竹枝词·迎神赛会》：“金鼓喧阗满路衢，旌旗招展映浮屠。迎神赛会年年盛，信众纷纷拜圣徒。”这首竹枝词生动地描绘了江南地区迎神赛会时的热闹场景。“庙中香火盛，信众拜神灵。祈福求康泰，平安度此生。”这类较为简单的诗句，直接体现了民众前往庙宇祭拜神灵，祈求幸福安康的愿望，反映出多神信仰在人们日常生活中的重要地位。《元宵灯会拜神》：“元宵灯会夜如昼，花灯璀璨映街头。男女老少皆拜神，祈愿来年好运留。”江南地区除了举办元宵节灯会，民众也会在这一节日里到庙宇拜神，祈求新的一年能够好运连连，家庭幸福。有首竹枝词《信神有感》云：“尘世纷扰苦难消，神灵信仰心中绕。每逢灾厄求庇护，一片虔诚向九霄。”面对生活中的苦难和灾厄，将希望寄托在神灵身上，通过信仰神灵来寻求心灵的慰藉和庇护，反映了多神信仰对民众心理的重要影响。“朝朝暮暮拜神前，心愿声声诉九天。神灵若有怜人意，应佑江南万姓安。”每日虔诚拜神，不断向神灵诉说自己的心愿，希望神灵能够保佑江南地区的百姓平安，反映出多神信仰在民众生活中已经成为一种精神寄托。

▲ 清末为眼疾病人解忧供奉的神灵眼光娘娘的民俗画

多神论的存在，泛神信仰的影响，天地万物皆有灵性，对自然充满敬畏，影响了江南民众的文化性格，使他们更加含蓄内敛，善于思考和感悟。

第五章

尊重原创的
人文先祖崇拜

江南地区是重要的农业和蚕桑业发达区域。祭祀农祖（如神农氏）体现了民众对农业生产的重视和对丰收的祈愿。神农氏被视为农业的开创者，教会人们耕种五谷。祭祀蚕祖（如嫘祖）对于蚕桑业意义重大。传说嫘祖发明养蚕缫丝技术，养蚕人家祭祀嫘祖是希望蚕事顺利，丝绸生产繁荣。

对文武财神的原型人物的祭祀，如关帝被商人尊为财神和保护神，同时其忠义精神也备受推崇。关帝庙遍布江南各地，祭祀活动频繁。民众会在关帝诞辰等特殊日子前往祭拜，祈求关帝保佑生意兴隆、财源广进，也希望能像关帝一样秉持忠义等美德。

妈祖信仰起源于福建沿海，随着海上贸易和人员迁徙传入江南。江南地区有众多河流和港口，水上运输和渔业发达。妈祖被视为海上保护神，能够保佑航海安全、渔民平安归来。妈祖信仰体现了对妈祖传说及其护海功绩的尊重。

江南地区手工业和商业种类繁多，如制陶、刺绣、酿酒等行业，各行业都有自己的始祖崇拜，例如酿酒行业祭祀杜康。祭祀行业始祖是为了祈求技艺传承顺利、行业兴旺发达。祭祀仪式往往由行业公会组织，同行们齐聚一堂，通过祭品、仪式等表达对始祖的敬意和对行业发展的期望，这完全是尊重原创传统的体现。

江南地区水患频繁，如海瑞、林则徐等治水英雄的事迹深入人心。民众祭祀他们是为了纪念他们治水的功绩，祈求免受水患之苦，也体现了对治水英雄治水方法和功绩的尊重，他们的治水理念和行动是原创性的智慧结晶。

至于名贤崇拜，江南地区文化繁荣，历史上有许多名贤，包括一些廉吏、能吏，如范仲淹、王阳明等。民众崇拜这些名贤，是因为他们的思想、品德和行为对社会产生了深远的影响。祭祀名贤可能在他们的故居、祠堂或墓地附近进行，人们通过祭祀来缅怀他们，汲取他们的精神力量，同时也希望后代能以他们为榜样。

先祖和名贤们的思想和事迹是原创性的文化财富。尊重他们就是尊重历史传统，民众崇拜他们是尊重他们的智慧、品德等贡献，祭祀活动是对这些名贤所代表的优秀传统文化的传承和弘扬，使他们的精神能够在社会中延续和传播。

▲ 神农氏是中国古代传说中一位极具影响力的人物，被尊奉为农业之祖。图为神农像

▲ 民国时期农业之祖神农氏的塑像

谁念艰难起帝功

——祭祀农祖

从创造的本质来看，祖先的创造涵盖了众多领域，包括物质和精神层面。在物质方面，如古代祖先发明的农业种植技术、手工艺（陶器制作、纺织等），这些创造奠定了人们基本的生存方式。以农业为例，神农氏尝百草、教民耕种，这是农业生产的开创性行为。这种创造行为开启了人类从采集狩猎向农耕文明的转变，是人类社会发展历程中的原创性贡献。尊重祖先在物质创造方面的功绩，就是尊重最初的发明创造理念和实践。

传说中神农氏发明了耒耜等农具，教民耕种，这是农业生产方式的重大变革，对中华民族的发展产生了极其深远影响的原创性贡献。民国时期江南乡村和城镇，长期保留着传统的祭祀神农氏的仪式，在每年的春分、秋分或冬至等特殊的节气或日子举行。人们会准备丰盛

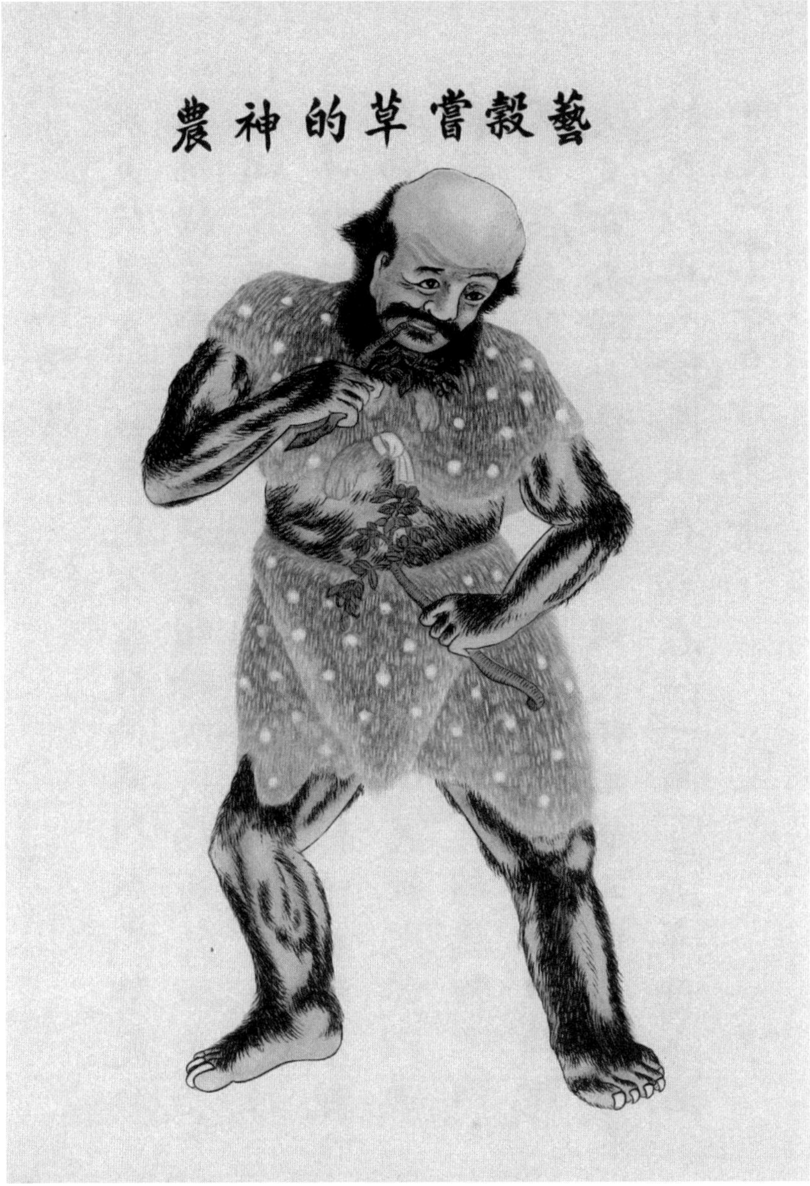

▲ 神农氏不仅开创了播种五谷的农业文明，而且舍身为人们尝百草

的祭品，如谷物、水果、牲畜等，去神农庙或特定的祭祀场所进行祭祀活动，表达对神农氏的敬意和感恩之情。一些与农业相关的行业组织，如农会等，也会组织集体的祭祀活动。江南地区一直流传着与神农氏相关的传说和故事，如尝百草、教民耕种等。这些传说和故事在民间口口相传，融入祭祀活动，增加了文化内涵和神秘色彩。随着时

代的变迁和社会的发展，如西方文化的冲击、社会动荡等因素，民国时期的祭祀活动，在规模和影响力方面虽开始有所下降，但总体而言，对神农氏的祭祀仍在江南地区传承不断。

南宋文人王十朋《神农》诗云：“民食腥膻鸟兽同，那知土谷利无穷。后人只祀勾龙弃，谁念艰难起帝功。”这首诗的前两句意思是，百姓过去食用的东西和鸟兽一样，都是带着腥膻气味的生肉，原始人类在没有农业之前，主要靠狩猎和采集为生，食用的是未经加工的生肉和野果等，哪里知道土地种植谷物有如此巨大的利益；后两句说，后来的人只祭祀勾龙（勾龙是古神话中后土的名字，被视为土地神），又有谁还会怀念神农氏艰难开创的帝王般伟大功绩呢？这里诗人表达了一种惋惜之情，认为人们重视土地神勾龙，却忽略了神农氏在农业起源阶段的巨大贡献。诗人对当时人们只祭祀土地神而忽略神农氏的现象表示不满，希望人们能够重视神农氏在农业发展历程中的关键作用。

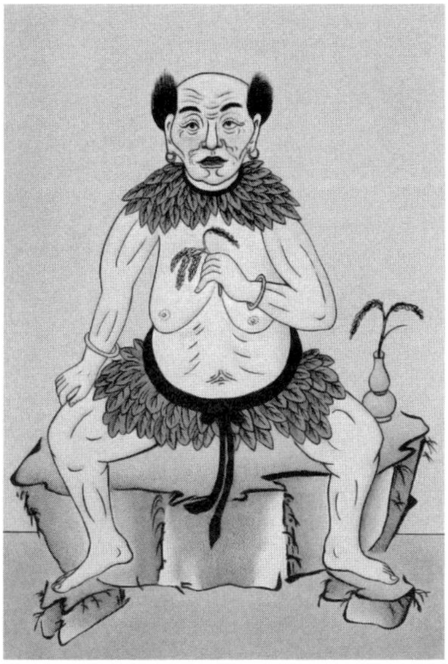

▲ 1911 年法国出版的中国民间信仰图集里的农神神农氏

▲ 炎帝神农氏“耜耕像”，东汉武梁祠画像石

神农，一个生活在洪荒时代的伟大英雄，他以身试药，尝遍百草，为人类寻找食物。他曾与猛兽共舞，与毒草为伴，他的每一次尝试都充满了危险和不确定性。他的事迹说明，只有勇敢面对困难，才能找到通向成功的道路。神农为何叫神农，东汉应劭《风俗通义·皇霸》记载：“神农，神者信也，农者浓也。始作耒耜，教民耕种，美其衣食，德浓厚若神，故为神农也。”换言之，教民耕种而被神化的人，神农功德无量，犹如神灵，故而被人称为“神农”。

确实，神农氏被视为农耕文明的开创者，通过祭祀神农，人们能够铭记华夏民族从原始采集狩猎向农耕文明转变的重要历史进程，神农氏身上体现出的艰苦奋斗、自强不息、开拓创新、敬业奉献等精神，是中华民族的宝贵精神财富。中华民族自称炎黄子孙，对神农的共同祭祀和尊崇能够增强民族的认同感和凝聚力。人们在祭祀神农的过程中，能够感受到自己与祖先的紧密联系，以及作为中华民族一员的归属感。这种民族认同感对于维护国家的统一和民族团结具有重要意义。祭祀神农的活动往往会吸引众多民众参与，在共同的祭祀仪式中，人们可以增进彼此之间的了解和信任，加强社区和群体之间的联系，从而促进社会的和谐与稳定。

中国是一个农业大国，农业始终是国家的基础和命脉。祭祀神农氏是对农业的一种尊崇，表达了人们对农业丰收的期盼和对土地的感恩之情。这种对农业的重视态度，有助于提醒人们珍惜农业资源，不断推动农业技术的创新和发展，保障国家的粮食安全。神农氏被视为中华农耕文明的开创者，有着制耒耜、种五谷、尝百草等功绩。祭祀神农氏是对中华民族悠久历史和灿烂文化的铭记，能让后人了解和记住祖先在农业、医药等领域的伟大探索与贡献，使民族记忆得以代代相传。祭祀神农氏蕴含着对祖先的崇敬和对民族根源的追溯，这种情感能升华为对国家、民族的热爱。现代人对神农氏的祭祀，是在新时代背景下，对传统文化的珍视、传承与创新发展，在文化、民族、经济、精神等多方面都有着重要意义和价值。

家家缫茧火窗前

——蚕神祭祀

江南的蚕祖一般被认为是嫘祖。据说黄帝战胜蚩尤后，建立了部落联盟，嫘祖作为黄帝的正妃，负责提供制作衣冠的原料。她是一个勤劳而又智慧的妇女，经常带领妇女上山剥树皮、织麻网，还加工男人们猎获的野兽皮毛，将其制成衣物等用品。后来嫘祖因劳累过度病倒，食欲不佳。她身边的女子们上山摘野果给她吃，在一片桑树林里发现了满树的小果。她们把果子摘回煮了很久也咬不烂，一个女子用木棍搅拌时，木棍上缠上了很多像头发丝细的白线。嫘祖仔细查看

▲ 元代王祯《农书》中的先蚕祭祀图

▲ 元代程棨《摹楼璹蚕织》局部。现藏美国弗利尔美术馆

后，发现这白色小果不是果子，而是一种虫子口吐细丝绕织而成。不久，嫘祖的病好了，她亲自带领妇女上山观察，弄清楚了蚕的习性，从此开始了栽桑养蚕的历史，后世尊她为“先蚕娘娘”。

关于养蚕业的推广，有传说是黄帝看到嫘祖身上穿着一件金色彩衣，了解到是她植桑养蚕、抽丝织绸做成的，意识到这是伟大的发明，能让人们穿衣御寒，便与嫘祖结为夫妻。另一种说法是，嫘祖养了很多蚕，产了不少茧，但抽丝和织帛遇到困难时，黄帝手下一个身材矮小、皮肤黝黑、面部丑陋的女子发明了缠丝的纺轮和织丝的织机，解决了这个难题。在嫘祖的撮合下，黄帝娶了这位丑女作为次妃，即嫫母。嫘祖与黄帝结婚后，组织一大批女子上山育桑养蚕织丝，在黄帝的支持下，养蚕事业推广到了全国。

还有一则让人有点伤感的传说：嫘祖的父亲是黄帝手下的大将，常年出征在外，她和一匹心爱的小白马相依为命。中秋节晚上，嫘祖因思念父亲而伤心落泪，小白马听到她对自己说若能接回父亲就和它成亲，便跑到军中接回了父亲。但父亲回来后，小白马的异常举动引起父亲的疑问，得知女儿的戏言后，父亲射死了小白马并剥下马皮扔在屋前。邻居雪花得知此事后，脚踏马皮说小白马不知羞耻，结果平

▲ 民国时期江南盛泽古镇的先蚕祠

地起风，马皮裹着雪花翻卷着去了。嫘祖追进桑林，看到马皮夹在桑树的树杈里，最后马皮缩成一个小白团，小白团里飞出一个小白蛾，小白蛾死后，桑叶上出现许多小黑粒，又变成小黑虫，再变成小白虫。嫘祖为了报答小白马和雪花的恩情，把小白虫收回家喂养，它们长大后吐出银丝，嫘祖将其命名为“蚕”，丝称为“蚕丝”。

嫘祖不仅学会了养蚕，还发明了缫丝的技术，将蚕茧抽出的丝制成丝线，进而用丝线织布制衣，为人们提供了温暖、舒适且美观的衣物，结束了用树叶、兽皮等遮体的历史。嫘祖毫无保留地将养蚕缫丝、织布制衣的技术传授给周围的人们，使这一技术得以广泛传播。随着时间的推移，养蚕缫丝技术逐渐传遍了中原大地，推动了华夏民族早期的物质文明发展，而嫘祖则以其智慧和勤劳，以及对部落的贡献，被黄帝娶为正妃。她与黄帝一起，为部落的发展共同努力，在华夏民族的早期发展中起到了重要的作用。人们感恩于嫘祖的贡献，祭祀蚕祖嫘祖成为人们世代相传的一项重要的民俗活动。

江南各地有许多蚕神庙，特别是在环太湖流域，湖州、桐乡、苏州等地，蚕农们会在特定的时间举行盛大的蚕神庙会来祭祀嫘祖，庙会期间前往蚕神庙，虔诚地供奉祭品、烧香祭拜，祈求蚕桑丰收。蚕花庙会上还有各种表演和活动，如舞龙舞狮、戏曲表演等，热闹非凡。有的蚕农则在家中设置蚕神的神位，在蚕事开始前或蚕茧丰收后进行祭祀。祭祀时，蚕农们会准备丰盛的祭品，如水果、糕点、酒食等，表达对蚕祖的敬意和感恩之情。

▲ 1911 年法国传教士所绘江南民间信仰："花茂盛谷丰登"

▲ 民国时期苏州吴江先蚕祠门楼外景

江南地区的蚕花节与蚕祖祭祀密切相关，蚕花节的节期，桐乡乌镇一般是在清明前后，湖州含山蚕花节是在每年的清明节，当地及周边的蚕农会纷纷赶往含山，山上有蚕神庙，人们登山祭拜蚕神。清明时节是蚕农们祈求蚕桑丰收的重要节日，人们举行"扫蚕花地"的仪式，蚕花被视为蚕桑丰收的象征，人们相信头戴蚕花可以得到蚕祖的保佑。民国时期有竹枝词赞曰："蚕事初兴四月天，家家缫茧火窗前。缫车碌碌声不断，辛苦赢来几吊钱。"这首竹枝词描绘了江南地区四月蚕事兴起，家家户户在窗前缫茧的忙碌场景，缫车转动的声音不断，体现出蚕农们的辛勤劳作，而"辛苦赢来几吊钱"也反映出蚕农们劳作的收获并不丰厚，生活一直很艰辛。

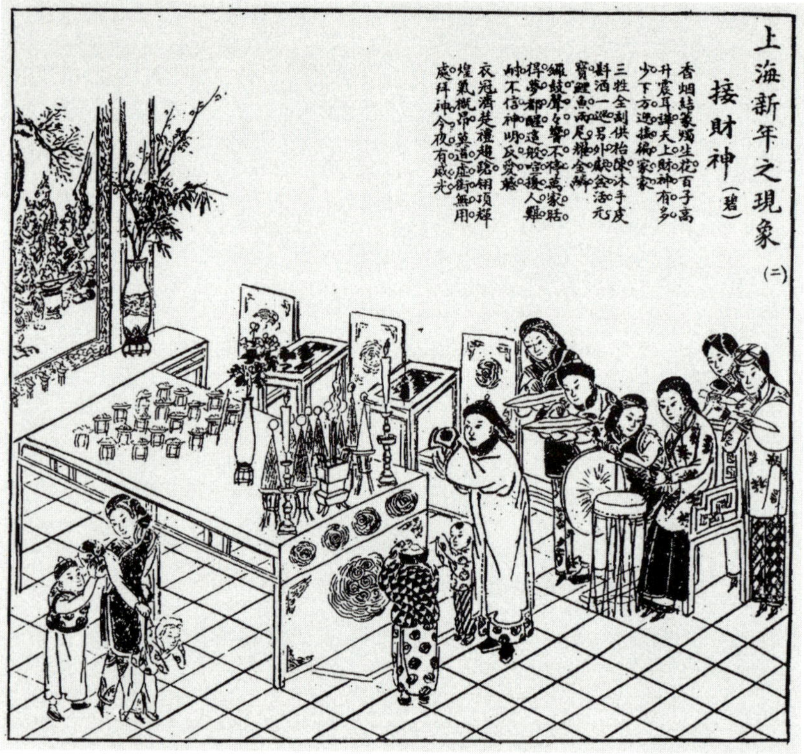

▲ 晚清《图画日报》所刊“上海新年之现象·接财神”

滚滚财源济众生

——文武财神

在民间诸神信仰中，财神是出现最晚的神祇之一。孟元老在专记北宋京城汴梁风物的《东京梦华录》中已有“财门”之说，“近岁节，市井皆印卖门神，钟馗、桃板、桃符及财门钝驴，回头鹿马、天行帖子……”。而在南宋都城临安，已出现了专门的财神纸马，它的出现是财神出现的确切标志。对于财神，市民与商人信之最笃，而对于财神的崇拜，他们的贡献也最大。应该说，近代的财神崇拜同时也是一种普遍的社会信仰，正如一副财神庙上的楹联所写的：“蕴玉藏珠，善贾固皆蒙乐利；心耕笔织，寒儒亦可荐馨香。”可见财神的崇拜有赖于全社会各个阶层的人给予信仰上的支持。

有趣的是，近代民间财神信仰与财神崇拜中，财神并非只是一个“人”，而是一群“人”。财神是一个群体，是一个来源极不相同的各种神的集合。这种有趣的现象，充分证明财神不是某一类“财阀”或商人的“宠物”，而是不同阶层与不同地域的人所推出的不同偶像，从而反映了民间各类人等在财神身上寄托的愿望与要求。江南地区的财神也被称为“路头神”。“路头”有“五路”之意，指的是东南西北中五路的财神，五路财神掌管着不同方向的财运。人们认为财富是通过各种道路而来。清末民国时期，江南商业繁荣，交通网络也较为发达，所以对五路财神的信仰也愈发强烈，“接路头”就是迎接五路财神，希望五路财神能从各个方向把财富带到家中。

近代财神作为一组道德原理的化身，在民间诸神系统中是极为特殊的，从而体现了近代明显的“人为”性质。江南民间信仰的财神，大致依据该神生成前的人生前所担任过的官职或他的经历，又分文财神和武财神。

文财神通常形象较为文雅、和善，比如比干是商纣王叔父，商朝忠臣，天帝怜其忠贞，因无心而不偏私，被封为财神。作为文臣，代表着公正、公平，这种形象气质符合人们对于通过正当、合理的方式获取财富的期望，所以被尊为文财神。再如范蠡帮助越王勾践成就霸业后去经商，一生艰苦创业，积金数万，善于经营理财，又能广散钱财，展现出智慧和善于管理财富的特点，也成为文财神的代表。

▲ 桃花坞木版年画财神清代版

武财神则以关羽和赵公明为代表。关羽关云长是三国时期蜀国名将，红面长髯，威风凛凛。他曾管过兵马站，长于算数，讲信用、重义气，在民间被视为能够招财进宝的财神爷。赵公明原为道教中冥神、瘟神之类，黑口黑面、法力强大，能够降龙伏虎，驱邪斩妖，招财利市，求财如意，所以民间奉为财神。武财神的形象威武霸气，具有强大的

▲ 明代武财神关帝釉面石像，现藏德国法兰克福古代雕塑品博物馆

力量感和威慑力，象征着能够镇宅辟邪、保护财富安全，对于一些从事风险性较高行业或者希望得到强大庇护的人来说，武财神更能满足他们的心理需求。

从财神所代表的价值观与精神内涵来看，文财神体现的是儒家所倡导的仁义道德、公正廉洁等价值观。在商业活动中，强调诚信经营、公平交易，通过正当的手段获取财富，所谓“君子爱财，取之有道”，符合江南地区商业文化中对商人道德品质的要求；而武财神代表着勇敢、忠义和力量。在清末民国的动荡时期，社会环境不稳定，人们面临着各种风险和挑战。武财神信仰给予人们一种精神上的支持和力量，让他们相信在困难面前能够得到财神的庇佑，战胜困难，获得财富。同时，忠义的精神也是武财神所倡导的重要价值观，这与江南地区一些商人注重商业信誉、坚守承诺的经营理念相契合。

▲ 民国时期上海小教场年画《五路财神赐宝图》

▲ 晚清民国时期一位妇女春节时拜财神的情形

江南地区商业繁荣，有许多从事文职工作或相对较为安稳的商业活动的人，如店铺老板、账房先生等。这些人更倾向于供奉文财神。他们希望通过文财神的庇佑，获得稳定的收入和良好的商业运势，生意能够顺利、平稳地进行。一些从事风险性较高行业的人，如镖师、船工、武士等，他们经常面临着各种危险和挑战，需要有强大的力量和勇气来应对。他们相信在武财神的庇护下，能够平安顺利地完成工作，获得财富，所以这些行业的人更愿意供奉武财神。

清末民初文人朱寿延《岁事竹枝词》云：“灯烛辉煌借醴牲，玄坛到处受欢迎。神权是否随人愿，滚滚财源济众生。”此“玄坛”指的是赵公明，诗中描述了祭祀财神时灯火辉煌、供奉祭品的热闹场景，也表达了人们对财神能够满足自己求财心愿的期待。

▲ 约1870年上海县城城墙内文庙周边远眺。文庙是祭祀孔子等儒家圣贤的庙宇，又称为孔庙、夫子庙等

供奉奎星阁上虔

——文庙祭孔

各地都建有“文庙”。“文庙”，其实是一种简称，全称应为“文宣王庙”。唐玄宗开元二十七年（739），孔子被封为“文宣王”。此后，纪念和祭祀孔子的祠庙逐渐演变，民众为了称说方便，遂称“文庙”；其次是与“武庙”相对应，中国传统文化中，有“文治武功”的说法。在明清时期，民间供奉关公的武庙较为普遍，关公作为武圣人，与文圣人孔子相对应。为了区分祭祀孔子的场所和祭祀关公的武庙，人们逐渐将孔子庙称为“文庙”，而关公庙则称为“武庙”。这种称呼的区分也反映了中国传统文化中对文、武两种力量的重视和平衡。

孔子逝世的第二年（前478），鲁哀公将曲阜的孔子故居三间辟为收藏他生前的衣冠琴车书等遗物的场所，并派兵卒守护，一年四季予以祭祀，这是最早的孔庙。此后，随着儒家学说的发展和影响力的扩大，各地纷纷建立起祭祀孔子的场所。在历史的演变过程中，这些场所的名称逐渐统一为“文庙”，成为祭祀孔子的专用称呼。“文庙”这一称呼是历史、文化、政治等多方面因素共同作用的结果，它不仅是对孔子的尊崇和纪念，也是中国传统文化的重要象征和载体。

江南文庙，主要是为了祭祀孔子而建。为了表达对孔子的尊崇和纪念，从唐代开始，全国各地逐渐兴起修建文庙的风潮，江南地区也不例外。江南著名的文庙如位于南京市秦淮河北岸贡院街，江南贡院西边。始建于东晋咸康三年（337），当时是东晋的学宫，后于北宋景祐元年（1034）改建为孔庙。在六朝至明清时期，这里是南京的文教中心，也是居东南各省之冠的文教建筑群。再如苏州文庙，初称州学，始修于景祐二年（1035），为范仲淹任知州时以五代吴越钱氏北园旧址创立。范仲淹改革旧制，将官学与祭祀孔子的庙堂合为一体，形成了一种新的格局，后为各地效仿。此后，苏州文庙历经重

▲ 民国时期，上海一女子立于南市文庙前，当时文庙是市立民众教育馆，背景是魁星楼（又名魁星阁、奎星楼、奎星阁）

建、拓修达30余次。再如江阴文庙，始建于景祐三年（1036），是历代祭祀孔子的祠庙，也是旧时儒学教官衙署所在地。

上海文庙始建于元至元三十一年（1294），其源头可追溯到南宋末年的上海镇学，当时镇人唐时措购买房屋改建成梓潼祠，并挂孔子遗像，祠旁建古修堂供诸生读书，具备了文庙雏形。自创建后，至至正年间庙制完善，规模宏大。经明清两朝不断扩建修缮，到清嘉庆时期，文庙建筑布局严谨，规模更加恢宏，体制更加完备，以大成殿为主体，有孔庙祭祀线和学宫线两条纵轴线贯穿其中。1853年上海发生小刀会起义，借文庙秋日丁祭之机，起义军占领上海县城，并以文庙为大本营，明伦堂为指挥所，导致文庙大部分建筑被毁，之后又遭遇火灾，损失惨重。1855年，上海地方官决定在县城西门内南边右营署废基重建文庙，此地为原明代海防道署旧址，并于当年8月开

▲ 晚清上海文庙的图景，大成殿前人群熙攘

▲ 1907 年的上海文庙大成殿

▲ 1937 年上海文庙前街

工，次年8月竣工。新文庙在保留旧文庙建筑精髓和样式的基础上，增加了新的配套设施，空间利用和布局更加合理便利。到20世纪30 年代，文庙本拟改建为文庙公园，但因资金不足而被改造为民众教育馆，当时的文庙风景优美，还设有图书馆、运动场、花园等，成为上海市民休闲游逛的好去处。

总体而言，江南各地文庙的建立大多经历了从无到有、不断修缮和扩建的过程，其建筑风格和布局也逐渐形成了较为统一的规制，成为江南地区重要的文化地标和精神象征。

江南文庙的建筑风格典型地反映了中国古代建筑的特点，整个建筑群按照南北中轴线对称布局，体现了传统的宫廷建筑理念。主要建筑雕梁画栋，精美绝伦，彰显了古代工匠的智慧和技艺。其次，江南文庙在当时不仅是祭祀孔子及后世儒家先贤的场所，还是教化、管理生员的重要空间。虽然清末以降，受西方文化冲击以及科举制废止的影响，孔庙“庙学合一”的体制最先受到冲击，但江浙发达的城市文化、追求科场功名的传统和浓厚的儒学氛围，依然让这片土地遍布文庙。

江南祭孔仪式庄重而繁琐。大成殿上，红烛高照，庄严肃穆。仪式中会演奏几十种古祭乐器，营造出庄重的氛围，吸引众多文人和民众参与，表达对孔子这位至圣先师的敬仰之情，同时也是对儒家文化的传承和弘扬。文庙通常是庄严宏伟的建筑，它不仅是祭祀的场所，更是文化传承的象征。清末文人刘竹荪撰写竹枝词：“文庙一年戏两台，监生相伴秀才来。奎星照耀文星显，剧演燃灯席始开”“手持纱帽笔高悬，供奉奎星阁上虔。四面轩窗真爽朗，高楼雄峙大堤边”，作者自注：“楼供奎星，登临豁目。”江南的文庙往往成为文人寄托情感、表达对传统文化敬仰的对象。江南地区自古以来文化繁荣，文庙更是凝聚了众多文人的情感和目光。文庙建筑精美，雕梁画栋，彰显着古代工匠的高超技艺。文庙的存在，为江南地区增添了浓厚的文化气息，也激发了文人的创作灵感。

堂堂庙祀美髯公

——关帝信仰

明清时期关帝庙遍布江南地区乃至全国各地，“有村必有关帝庙”，就是西藏布达拉宫也有关公的一席之地。海外华人身居异地，更把关公敬为心中的神，祖国的象征。据统计，世界30多个国家和地区都有关帝庙的香火，可以说关公文化已经融进中国传统文化当中，儒家称圣，道家称君，佛家称伽蓝，三界统称伏魔大帝。而商贾则称其“忠、义、仁、勇”，是商家的保护神，更是招财进宝的武财神。关圣帝君的信仰遍布华夏大地，他不仅是生意圈中的武财神，也

▲ 1900 年的上海关帝庙及神像

▲ 民国时期解州关帝庙关羽像

是护宅镇院的神祇，更是中华传统信仰和儒家文化精髓的体现。

清代文人韦柏森《菱川竹枝词·关帝庙》云：“堂堂庙祀美髯公，道貌尊严宝殿中。一部春秋宗圣教，浩然之气塞天空。”这首竹枝词描绘了关帝庙中供奉的关羽形象，“美髯公”突出了关羽的外貌特征，“道貌尊严”则展现出关羽在人们心中的庄重威严形象。“一部春秋宗圣教”强调了关羽对《春秋》的推崇和践行，这也是他忠义精神的来源之一，“浩然之气塞天空”更是高度赞扬了关羽的浩然正气，表达了作者对关羽的敬仰之情。

关帝信仰的最终形成，当然有其个人品质与事迹的魅力，比如他的忠义勇猛，与刘备、张飞“桃园结义”，誓言共扶汉室，此后无论面对何种艰难险阻，始终对刘备忠心耿耿。“温酒斩华雄”“斩颜良”“诛文丑”等故事，展现了他的高超武艺和过人胆识。关羽重义气、重然诺的形象更是深入人心。当他不得不栖身于曹营的时候，曹操对他礼遇有加，试图招降他，但关羽始终心系刘备，当得知刘备的下落后，便毅然决定离开曹操，“过五关斩六将”回到刘备身边。这种对兄弟情义的坚守，使他成为“义”的化身，在民间广泛传颂，也为关帝信仰的形成提供了强大的精神动力。当然，元末明初罗贯中《三国演义》的渲染也是其中重要的因素。《三国演义》是一部影响力巨大的文学作品，它以精彩的笔触塑造了关羽的英雄形象，将其忠义勇猛、义薄云天的品质展现得淋漓尽致，小说的广泛流传，使关羽的形象更加深入人心，极大地推动了关帝信仰的传播。

不过光有个人魅力与文学作品流传，还不足以使关帝成为民众的

▲ 辛亥革命后拆除上海城墙时遗留的唯一建筑——大境关帝庙

一种信仰，其中最重要的因素是宗教的推动与统治者的倡导。传说关羽死后，其魂魄飘荡至玉泉山，被普净法师点化，从此成为佛教的护法神，就是佛教中的“伽蓝菩萨”。佛教在中国的广泛传播，使得关羽作为护法神的形象逐渐深入人心，为关帝信仰的发展奠定了基础。此外道教也将关羽纳入自己的神谱，称其为“关圣帝君”或“三界伏魔大帝”等，赋予他降妖除魔、庇护众生的神力，道教的宣传和推广，进一步增强了关帝信仰的影响力。此外，关羽的忠诚、义气等品质，符合封建统治者对臣民的道德要求，统治者出于维护统治秩序的需要，大力推崇关帝信仰，希望臣民能够像关羽一样忠于君主，维护封建统治秩序。明朝万历皇帝赐予关羽“三界伏魔大帝神威远镇天尊关圣帝君”的称号，清朝皇帝也多次对关羽进行加封。对于军队来说，关羽的勇猛和忠义精神具有鼓舞士气的作用，统治者宣扬关帝信仰，有助于激发将士们的战斗精神和忠诚意识。

▲ 民国时期苏州关帝庙门楼

▲ 20 世纪 30 年代的上海关帝庙

在江南地区，关帝信仰有着广泛的影响，江南地区相传每年的农历五月十三为关帝生日，有传说认为五月十三这一天，关羽会借助雨水的力量斩妖除魔，解救百姓于苦难之中。五月十三降雨被看作是关羽显灵护佑百姓的象征。雨水可以冲刷掉邪恶和灾难，给人们带来平安和福祉。早在元至正十年（1350），松江府已建有关羽祀庙，此后境内关帝庙逐渐遍及各村落乡镇。每年农历五月十三与九月十三，相传是关帝诞辰和忌日，逢此二日，松江府居民照例要举行规模盛大、热闹非凡的祀神赛会。旧时每逢此二日，沪上许多人家还用竹子制成弓箭，用纸制成弓袋，悬挂于关帝庙前。民国上海有

《沪上关帝庙》诗："沪上繁华地，关祠立此间。商民皆敬仰，义气动江湾。"上海作为繁华之地，也有关帝庙屹立其中，商人和民众都有关帝信仰，对上海社会风气的形成产生了较为深远的影响。

神妃来往海云中
——妈祖信仰

妈祖文化起源于宋代的福建莆田地区，其核心人物是林默，人称林默娘（960—987），因救难殉海，年仅28岁。她出生在海边，聪慧灵悟，识天文、懂医理、善舟楫。因海岛的生存环境特殊，岛民出海常遭遇困难，林默凭借自身能力解救岛民。林默殉海后，在她羽化的湄峰，当地人民捡山石建了简易的石房子，立祠祭祀她，这种对林默的纪念和祭祀活动逐渐在民间传播开来，并不断发展壮大。北宋朝廷对妈祖赐予"顺济"庙额，之后又先后赐予其"灵惠夫人""慧灵

▲ 1884 年河南路桥堍建立供奉天后女神（妈祖）的天后宫，又称天妃宫

▲ 19 世纪 80 年代上海天后宫远眺

妃”“善济天妃”“仁慈天后”等封号，官方的认可和推崇进一步推动了妈祖信仰的传播和妈祖文化的发展。

上海地处长江入海口，自宋元以来即兼有江海航运之利。妈祖文化随闽、粤籍移民传入上海，这些移民在福建、广东等地，原本就有对妈祖的信仰传统，他们迁徙到上海后，也将这种信仰带了过来。明正德《松江府志》、嘉靖《上海县志》等文献都记载，南宋咸淳七年（1271）以前上海就已建有“顺济庙”，后由华亭市舶司提举、福州人陈珩重建于今十六铺一带。这是上海妈祖信仰起源的重要标志，元、明、清历代官方出于漕运、海防、外交等需要，十分重视对妈祖的崇祀。官方的认可和支持使得妈祖信仰在上海具有了更高的地位和影响力。

明嘉靖三十二年（1553），上海为抗倭御寇而兴建城墙，其中位于城墙东北角的万军台正好建在顺济庙上，于是，因建城墙而使顺济庙被拆毁。当倭患稍息时，由秦裕伯后人秦嘉楫提议，上海士绅委托道士顾拱元在万军台上重建天后宫，一说即是沪上八景之一的“丹凤楼”。

近代以后，清廷派外官员从上海出发的人越来越多，光绪五年（1879）出使俄国大使崇厚“奏请于上海地方重建天后宫，并建出使大臣公所”。经总理衙门与两江总督批准，在河南路桥北堍处兴建出使行辕，同时高规格重建上海天后宫。1884年，两者相继竣工。这就是河南路桥北堍天后宫，是上海历史上建筑规模最大的一座妈祖庙。出使行辕接待政府派外官员，天后宫成为派外官员祭祀天后的场所。

上海作为重要的贸易港口，商业活动频繁。闽、粤等地的客商在上海经商，他们将妈祖视为海上航运、商贸行业的保护神，他们以妈祖文化为纽带，形成了紧密的社群，积极推动妈祖庙的修建和祭祀活动。随着商业的繁荣，妈祖信仰也得到了更广泛的传播，进一步传播和弘扬了妈祖信仰。

清末至民国，江南妈祖信众群体不再局限于渔民、船工等传统的海上作业相关人群。商人阶层成为妈祖信仰的重要推动力量。各地的商会组织常参与妈祖庙的修建与祭祀活动，将妈祖视为商业活动的保护神，祈求生意兴隆、旅途平安。此外，普通市民也逐渐加入到信众队伍中，妈祖信仰成为江南地区一种较为普遍的民间信仰，妈祖信仰功能也得到了进一步拓展，除了传统的护佑航海安全的功能外，被赋予了更多的意义与功能。在清末民国的社会动荡时期，人们将妈祖视为能够保佑地方平安、消灾解难的神灵，遇到自然灾害或战乱时，民众会向妈祖祈求庇护。妈祖信仰的祭祀活动和仪式逐渐融

▲ 1905 年上海天后宫门前流动的小贩与行人

▲ 清末浙江宁波天后宫，雕栏画栋、香炉及殿堂

▲ 民国时期在天后宫做法事的道士

入了更多的世俗元素。在一些妈祖庙的庙会中，除了传统的祭祀仪式外，还出现了各种娱乐活动，如戏曲表演、杂技展示等，吸引了大量民众参与。这些活动不仅增加了庙会的热闹氛围，也使妈祖信仰更加贴近普通民众的生活，有了更为广泛的社会基础，促进了信仰的传播。

近代上海文人墨客有关妈祖信仰留下了很多诗词与竹枝词。张春华《沪城岁事衢歌》写道：“大开灯市六街妍，十日东门沸管弦。村妇新妆忙底事，趁晴齐说到宫前。”描写了在妈祖诞辰纪念时，上海热闹非凡的场景。灯市繁华，街道上充满了欢声笑语，农村妇女们精心打扮，趁着晴天一同前往天后宫，生动地展现了当时民众对妈祖诞辰的重视以及庆祝活动的盛况。丁宜福《申江棹歌》云：“雕甍绣闼敞灵宫，镇日香烟袅碧空。风转相乌潮欲上，神妃来往海云中。”将天后宫形容为“灵宫”，把妈祖誉为“神妃”，天后宫建筑的华丽以及整日香烟缭绕的景象，给人一种神圣、庄严的感觉，也表达了作者对妈祖的尊崇之情，贴近了普通民众，就此使得妈祖信仰有了更广泛的传播。

功业千秋万代铭
——行业始祖

“百工之事，皆圣人作也。”这是《周礼·考工记》所记载的一句名言，用一句老百姓的俗话，就叫“三百六十行，行行出状元”。在民间，还有一句话叫“三百六十行，无祖不立”，说的是“行业祖师神”。行业始祖神都是历史上很有名望的人或一些神话传说中的人物，可能直接或间接地开创、扶持过本行业，对本行业的发展做出过突出贡献，所以得到子孙后代的尊崇，后世尊为始祖神。例如人们将孔子尊为教育的始祖、尊鲁班为建筑业始祖、尊欧冶子为铸剑祖师、尊扁鹊为中医祖师、尊杜康为酿酒祖师、尊陆羽为茶业祖师、尊桑弘羊为会计祖师、尊黄道婆为纺织业祖师……

传统社会，各行各业的人们，都很重视本行业的始祖神，将他们看作行业保护神，如果要列出来，可以是长长的一大串。因为在古代，各个行业都面临着较高的风险，他们在技术开创与工艺革新方面起到了奠基作用，如蔡伦改进造纸术，在他之前虽然已经有了纸张的雏形，但蔡伦凭借自己的智慧和反复试验，极大地改进了造纸的工艺，使纸张的质量和产量都有了飞跃式的发展，他的这一贡献成为造

▲ 1687 年欧洲人想象中的孔子与孔庙

纸行业发展的基石，所以被尊为造纸业始祖神；再如传说中的鲁班，不仅是木工工具如锯子等的发明者，还规范了建筑和木器制作的工艺流程。他所确立的榫卯结构等建筑木工技术标准，成为后世木匠们遵循的基本规范，鲁班因此在建筑和木匠行业被奉为始祖神。

还有一些古代杰出人物，往往通过收徒的方式将自己的技艺传承下去。黄道婆就是一个典型的例子，她将从黎族百姓那里学到的先进棉纺织技术带回故乡，并且毫无保留地传授给故乡百姓。她的这种传授技艺的行为促进了棉纺织技术在江南地区的广泛传播，从而被棉纺织业尊为祖师。再如孙思邈著有《千金方》，这部医学著作记录了大量的医学知识、药方和诊疗方法。他的医学知识通过书籍的形式广泛传播，历经数代而不衰，为中医内科等领域的知识传承起到了关键的作用，因此被尊为中医内科始祖神。

古代杰出人物在从事技艺实践时，往往展现出精益求精、专注执着的工匠精神。以鲁班为例，他在制作木器时对工艺的精雕细琢和对质量的严格要

▲ 相传畜牧业的祖师爷是苏武，源于“苏武牧羊”的故事

▲ 清末木工业供奉鲁班的画像，清末民国的民俗画

▲ 江南奉陆羽为茶叶祖师，图为后人雕塑的陆羽彩釉像

▲ 杭州制扇行业祖师殿的石匾

求，体现了一种追求卓越的精神。这种精神成为后世工匠们学习和追求的目标，他作为行业始祖神象征着这种工匠精神，激励着后人。再如范蠡在春秋时期就能够洞察商业规律，采用在当时来说堪称全新的经营策略，如“旱则资舟，涝则资车”等理念，这种创新开拓的商业智慧使他成为商业行业的楷模，被尊为商业始祖神，象征着商业领域的创新和进取精神。

古代社会将杰出人物尊为始祖神，可以增强行业内部的凝聚力。古代的行会组织在祭祀始祖神的活动中，能够将行业内的人员聚集在一起。例如，酿酒业祭祀杜康，通过共同的祭祀仪式，不同酿酒作坊的从业者能够增强彼此之间的认同感和归属感，有利于行业的团结和稳定发展。始祖神也成为行业文化的重要标识，比如戏曲行业供奉唐明皇李隆基，他对戏曲的喜爱和推动在一定程度上促进了戏曲行业的形成和发展。戏曲行业供奉他为始祖神，不仅是对历史文化的传承，也是戏曲行业区别于其他行业的一种文化象征，有利于行业文化的延续和传播。

古代西方人对杰出人物的纪念是铸塑铜像，而中国人则是建祠立碑，将他们推上神坛，封神祭祀，永志纪念，这是一个良好的传统。到晚清及至民国时期，对行业佼佼者和创新人物，不可能再封神立庙了。近代如清末著名的实业家张謇，在江苏南通大力发展实业，推动了当地的经济发展；盛宣怀在实业、金融、交通、教育等多个领域都有开创性的贡献；中国近代铁路工程专家詹天佑，主持修建了京张铁路等重要工程……除了官府授予他们勋章、立碑塑像，或者写入教科书、登报宣扬，就是民众的口碑传播，宣扬他们的事迹，让大家见贤思齐，学习他们的精神。当时有竹枝词赞詹天佑曰：“詹公天佑展奇能，铁路工程技艺精。京张一线通南北，功业千秋万代铭。”这首竹枝词赞扬了詹天佑的卓越才能和精湛的铁路工程技术，其功业将被千秋万代铭记。

▲ 明代上海人叶宗行提出黄浦江治理的建议，得到夏原吉的采纳。图为家乡人民后来为他建立的塑像

何须再待海龙王

——治水英雄

江南地区水网密布，洪涝等水患频繁。历史上的治水英雄们通过修建大规模的水利工程，有效解决了水患，为当地农业生产、经济发展和人民生活提供了坚实保障。北宋范仲淹曾在苏州“修围浚河置闸”，妥善解决了蓄与泄、挡与排、水与田之间的矛盾。他的治水举措不仅有效治理了水患，还为当地农业发展创造了良好条件。在江南民间流传着许多关于范仲淹治水的故事。传说他为了寻找治水良策，亲自走访民间，向当地百姓请教，还不顾自身安危，多次深入到洪水泛滥的地区进行勘察，这种勤勉为民的精神在历代民众中传颂不衰。苏州人为范仲淹修建了祠堂，民众会定期前往祭祀，以表达对他的敬仰和感恩之情。这种祭祀活动一直延续到清末民国时期，成为当地的一种重要民俗文化。

▲ 中国古代治水英雄——大禹。图为后人雕刻的大禹石像

明初时，因吴淞江淤浅严重，入海口淤塞不通，造成上海地区严重水灾。户部尚书夏原吉到沪治理水患。永乐元年（1403）夏原吉采用松江府生员叶宗行“掣淞入浏、分水入浦”的建议，把吴淞江的支流上海浦与范家浜打通，并挖深拓宽，上接泖湖、太湖之水，彻底解决水患问题。夏原吉先疏浚吴淞江中游及北岸支流，引太湖水入浏河、白茆直注长江，以此为基干河，南接上海浦，再南接黄浦，北接南跄浦，把吴淞江的四条南北向支流“一浜三浦”，连通拉直拓宽，北出吴淞口注入长江，形成了一条大水系，史称“黄浦夺淞”，这就是今天黄浦江水系的来历。夏原吉的治水功绩在江南地区广为流传，百姓们对他的敬仰之情深厚。民间传说他在治水过程中，与百姓同甘共苦，亲自指挥工程建设，对每一个细节都严格把控，确保了治水工程的质量。他治水的故事成为江南地区文化的一部分，被文人墨客写进诗词、戏曲等文学作品中，进一步扩大了

他的影响力。

海瑞在隆庆三年（1569）升任应天巡抚时，江南正遭受严重的水患，百姓苦不堪言。海瑞通过实地考察，找到了水灾的成因，采取了有效的治理措施，不仅疏通了河道，还使受灾百姓度过了饥荒，此后几年江南即使遭遇大水也不再出现百姓受灾的情况，海瑞因此成为江南百姓心目中的“海龙王”。民族英雄林则徐在江南任职时，多次修筑海塘，治理三江水道，疏浚浏河和白茆河，综办苏松水利，取得了卓著成效，极大改善了上海地区御潮、防洪的局面，他的治水举措给江南民众带来了实实在在的好处，因此深受民众的爱戴和拥护。民众将他视为保护神，对他的治水功绩赞不绝口。在清末民国时期，他的故事仍然激励着当地官员和百姓积极参与水利建设，为保护家园、改善生活环境而努力。

▲ 明代户部尚书夏原吉疏浚范家浜，引大黄浦之水经范家浜注入吴淞江，形成一条黄浦—范家浜—吴淞江新的江水出海通道。图为夏原吉画像

官府为了表彰治水英雄的功绩，会给予他们各种荣誉和称号，修建纪念性的建筑，如祠堂、庙宇等，甚至就以治水英雄的姓氏来命名工程。如上海浦东的“钦公塘”是为纪念南汇首任知县钦连而命名的；浙江嘉兴市的“凌公塘”相传为三国时期吴国名将凌统率领军民所挖；江苏仪征的“陈公塘”为东汉广陵太守陈登所浚。这种命名方式进一步强化了治水英雄的地位和影响力，也为民间的崇拜提供了官方的认可和支持。在官方的倡导和影响下，民间逐渐形成了对治水英雄的祭祀传统。百姓们会在特定的时间和地点举行祭祀活动，表达对治水英雄的敬仰和感恩之情。这些祭祀活动不仅是一种宗教信仰的体现，也是一种文化传承和社会凝聚力的体现。

▲ 江南治水能臣林则徐画像

清光绪年间丁宜福《申江竹枝词》写道：“今日东南说水利，不知谁是海龙王？”表达了对当时水利状况的关注以及对治水能人的期待。当时吴淞江等河道治理面临诸多问题，文人在竹枝词中发出

▲ 明代海瑞在吴淞江建设水闸，建造水神庙供奉金龙四大王。图为《图画日报》所绘“金龙四大王庙”

了这种疑问，表达对治水英雄的渴望。光绪年间文士顾翰《松江竹枝词》写道：“水利不妨传异国，何须再待海龙王？”体现出清末时期，面对复杂的水利问题，人们不再一味期待传统神话中的“海龙王”，而是开始思考借鉴国外的先进治水经验，侧面反映出对传统治水方式的反思以及对新的治水理念和人才的期盼。

人类普遍存在对英雄的崇敬和向往心理，在面对自然灾害等困难时，治水英雄挺身而出，展现出的勇敢、智慧和担当精神，满足了人们对英雄的期待和想象。江南地区独特的地域文化强调人与自然的和谐相处，对水利的重视程度较高。治水英雄的出现符合江南地区人民对水利建设的需求和期望，他们的功绩被视为地域文化的重要组成部分。

桃李满门闻道早
——名贤崇拜

中国人历来有“乡先生没而祭于社”的祭祀传统，“乡先生”主要是指在地方上有学识、有品德、有声望的人，如退休的官员、本地的学者、德高望重的乡绅士人等。当这些人离世后，人们会在社（社是古代祭祀土地神的场所，也是乡村公共活动的重要地点）进行祭祀。

为什么要祭祀“乡先生”？主要是一种道德引领作用，乡先生在生前往往是道德典范，为当地道德行为的楷模，以善举和高尚品德稳定社会秩序、形成良好风俗。他们乐善好施，在灾年开仓赈济灾民。有的乡先生重视教育，在乡里设私塾，免费教授族中子弟和贫寒学子。他们的善举和高尚品德对当地社会秩序的稳定和良好风俗的形成意义重大。许多乡先生是文化的传播者和传承者，将经典文化知识传授给后人。而且他们还可能参与地方文献的编纂，记录当地的历史、地理、风俗等情况，为地方文化的延续发挥关键作用。

历代乡贤、名宦的可贵品质通过祭祀融入江南文化。祭祀通常会在特定的节日或纪念日进行。比如春秋二祭是比较常见的时间，春季祭祀祈求保佑一年风调雨顺、人文昌盛；秋季祭祀则有感恩丰收、缅怀先人的意思。祭祀仪式庄重，由长者或官员主持，众人行跪拜礼，

▲ 民国时期，浙江杭州岳飞庙前碧血丹心牌楼

▲ 五人墓是明代天启年间反抗阉党斗争的重要历史见证，颜佩韦、杨念如、马杰、沈扬、周文元展现出“激昂大义，蹈死不顾”的气概

▲ 民国时期绍兴轩亭口的秋瑾烈士纪念碑

读祭文。参与者主要是当地的居民，包括乡先生的后裔、邻里乡亲、地方学子等，既表达缅怀，又增强了地方的归属感和凝聚力，激励后学。这些品质至今仍是宝贵的精神财富，值得挖掘与弘扬。“乡先生没而祭于社”的古礼体现了对乡贤的尊崇，江南地区的乡贤祠见证着地方文化的传承与坚守。对于年轻一代来说，这种祭祀活动也有助于地方人才的培养和地方文化的薪火相传。

江南民俗信仰中的“名贤崇拜”就是这种祭祀活动的一个重要内容。“名贤崇拜”主要分为两个方面：其一是对本土乡贤的崇拜。乡贤是指在地方上有德行、有才能、有声望，并且为地方发展做出贡献的人。他们的品德、才能和贡献受到本地民众的尊敬和推崇，成为人们学习和敬仰的榜样。江南地区文化底蕴深厚，人才辈出，很多家族都以自己的先人为荣。对于地方家族而言，先人能够入祀乡贤祠是一件十分荣耀的事情，乡贤祠承载着浓郁的地方文化精神，是对本土乡贤崇拜的一种重要体现；其二是对居官本地且有积极作为者的崇拜，一些在江南地区任职的官员，他们为本地的经济发展、社会稳定、民生改善等方面做出了积极的贡献，也会受到民众的崇拜和纪念。比如帮助地方抵御自然灾害和战乱的官员，尤其是治水官员居多，如防风氏、春申君、夏原吉等治水英雄，还有戚继光、陈化成等抗敌将领；为江南地方民众减轻赋役的官员，像奏免衢州和婺州身丁钱的胡则，明初多次减免江南赋税的周忱；整顿地方风俗，使地方免于受到巫鬼滋扰的官员，如清初捣毁五通神的汤斌。这些官员都有敢为天下先且不畏人言的实干精神，且大多清廉自律，汤斌每食豆腐，生活俭朴，临终仅遗俸八两，靠人资助才得以安葬。

▲ 民国江苏南京灵谷塔，原名阵亡将士纪念塔，是阵亡将士公墓的主要建筑之一

▲ 常熟干将路的乐桥东北堍，古称“言夫子庙”，简称“言祠”“言庙”。旧传其址为干将、莫邪铸剑处

明清江南府县文庙设有乡贤、名宦两祠，用以祭祀地方名人与有贡献的官员，一些府县城隍神也由有作为的地方官员担任。江南乃人才渊薮，苏州沧浪亭五百名贤祠便是对前人崇敬的直观表达。乡贤祠承载着浓郁地方文化精神，入选标准极高，先人入祀对地方家族而言极为荣耀。但晚明后，经济发展使一些富户为“光宠门户”将先人入祀，致乡贤泛滥，如明中后期的松江华亭的官员与学者陆树声清正耿直，不喜为官，他的学生就因乡贤祠变俗而不忍让其杂处。

光绪己丑恩科举人祝汝鸿《题季夫子德行碑》写道：“皋比坐拥几多年，每值设经佥豁然。桃李满门闻道早，斯文未丧庆绵绵。”清末时期，社会处于变革和动荡之中，但传统文化的影响力仍然深远。人们对于道德楷模和优秀人物的推崇，是在动荡的时代中寻求精神寄托和价值认同的一种表现。

第六章

动植物神灵信仰与崇拜

清末民国时期江南民众的动植物崇拜具有多方面的民俗学意义。人们对一些具有吉祥寓意的动物和植物进行崇拜，喜鹊被视为吉祥的象征，其出现预示着好事将近；桃花、牡丹等花卉象征着富贵、繁荣，受到人们的喜爱和推崇。部分具有强大力量或特殊能力的动物成为崇拜对象，体现了人们对力量和保护的渴望。比如，龙作为一种具有强大力量和神秘色彩的动物，被视为神灵和皇权的象征，能够呼风唤雨、保护百姓。

动植物崇拜，反映了人们对自然的敬畏之心。对古树的崇拜，体现了人们对大自然生命力的敬畏和尊重；对一些动物的禁忌，如不食狗肉等，反映了人们对动物生命的尊重和保护意识。某些动植物崇拜习俗中还蕴含着对生态平衡的关注。例如，一些地方对鸟类的保护和崇拜，使得人们在一定程度上避免了对鸟类的过度捕杀，有利于鸟类的繁衍和生态平衡的维持。这种朴素的生态观念，对当时的生态环境起到了一定的保护作用。

动植物崇拜是传统文化的重要组成部分，通过口口相传、祭祀仪式、民间艺术等形式得以传承。一些与动植物崇拜相关的节日、庆典活动，如舞龙舞狮、花朝节等，承载着丰富的文化内涵和历史记忆。动植物崇拜的习俗和信仰往往与特定的历史事件、人物或地域文化相关联，成为历史记忆的见证。例如，某些地方的动物崇拜可能与当地的历史传说、英雄人物有关，通过对动物的崇拜来纪念和传承这些历史故事；一些植物在特定的历史时期被赋予了特殊的意义，成为历史文化的象征。

动植物崇拜的祭祀活动、庆典仪式等成为人们聚集和交流的重要场合，增强了群体的凝聚力。例如，在一些乡村地区，对土地神、树神等的祭祀活动是村民们共同参与的重要事件，通过这些活动，加强了村民之间的联系和团结。不同地区对动植物的崇拜具有一定的差异，这成为地域文化认同的重要标志。江南地区的动植物崇拜与其他地区相比，具有独特的文化特色，如对水乡特色动植物的崇拜等，这些特色反映了江南地区的自然环境和文化传统，增强了当地民众的地域文化认同感。

▲ 喜鹊被视为好运与福气的象征。鹊的叫声传递着喜讯，因此被人们视为最好的报喜鸟

▲ 20 世纪 40 年代，江湖算命先生以鸟占卜

遥看只雁度云端

——鸟类崇拜

远古时期，人类对自然的认知有限。鸟类却具有一些令古人惊叹的特征和能力，例如鸟儿自由飞翔的能力，使它们看起来神秘而超凡。古人可能对这种超越自身能力的现象充满敬畏，进而将鸟类视为具有特殊力量的生物。许多鸟类会进行季节性迁徙，它们仿佛能够感知自然的节奏和变化，古人认为鸟类具有与神秘力量沟通的能力，能够预知季节的更替和气候变化，从而对它们产生崇拜。

在一些古老的创世神话中，鸟类常常扮演着重要的角色。鸟类被认为是世界的创造者或带来光明的使者，在人们的心目中具有神圣的属性。一些部落将特定的鸟类作为图腾，认为自己的部落与该种鸟类有着特殊的联系和保护关系。图腾崇拜强化了人们对鸟类的尊崇，将其视为部落的象征和精神寄托。再如某些鸟类，如鹰、隼等猛禽，因其锐利的目光和高飞的能力，被视为与太阳或光明有关的象征。太阳

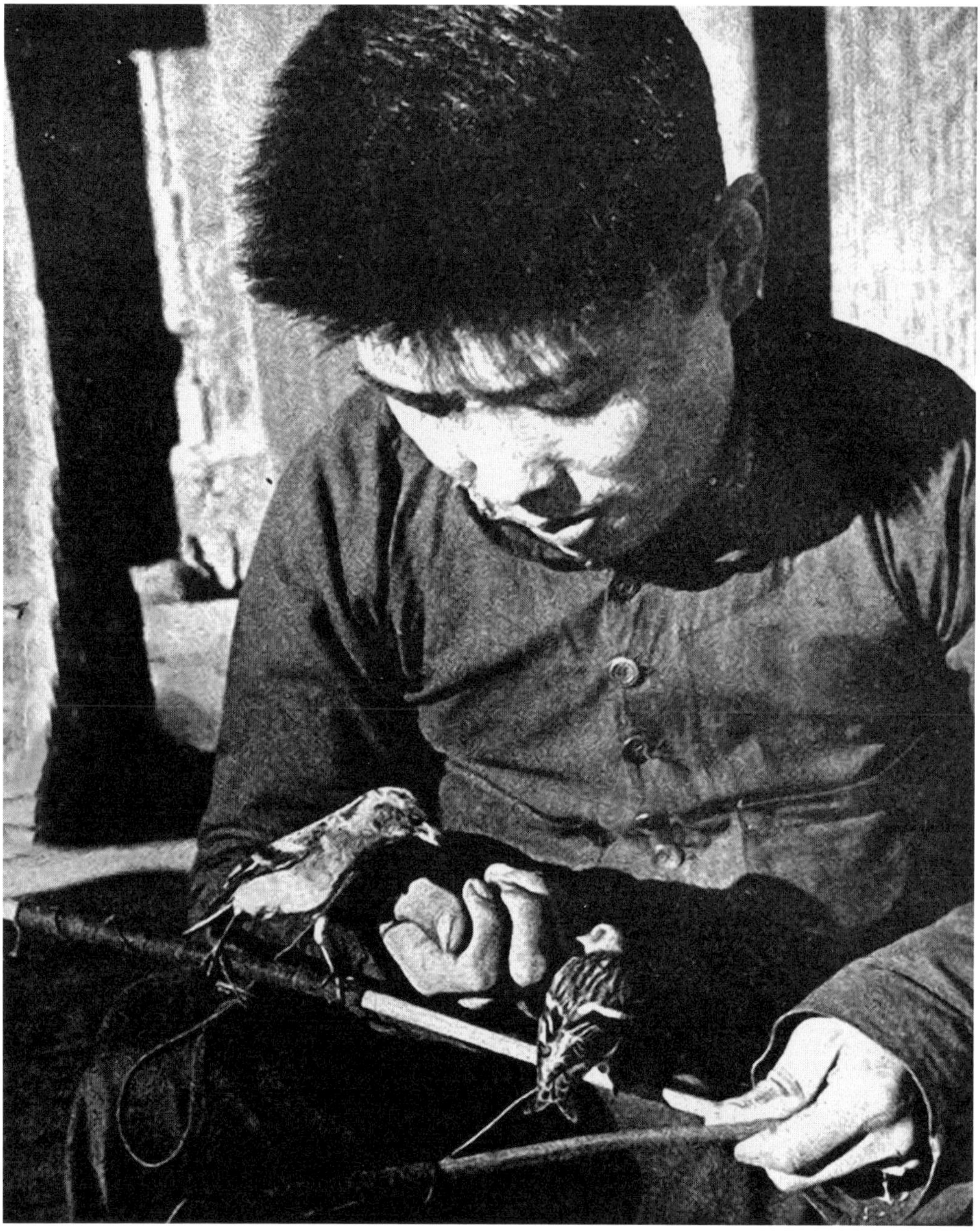

▲ 1938 年上海街头一个衣衫褴褛的男孩与他饲养的鸽子和小鸟

在古代文化中往往具有神圣的地位，与太阳相关联的鸟类也因此受到崇拜。一些鸟类具有美丽的羽毛和求偶行为，这可能让古人将它们与生殖和繁衍联系起来。在以生殖崇拜为重要内容的原始文化中，这些鸟类成为象征生命延续和繁荣的符号。

早期人类社会，鸟类也是一种重要的食物来源。人们在狩猎鸟类的过程中，逐渐对它们的习性和行为有了更深入的了解，同时也可能因为对食物的需求而对其产生一定的敬畏之情，这些都是鸟类崇拜的表现。从良渚文化的部落标徽神人兽面纹来看，神人头戴羽冠，这可能暗示着良渚人是“羽人”的后代，而在古代神话传说中，江南地区靠近的东海是鸟的国度，有“人面鸟身”之神，由此可见良渚人与鸟崇拜有着密切的文化渊源。

古人对鸟类的喜爱，到清末民国时期演变成了养鸟的习俗。江南地区的一些富裕人家和文人雅士喜欢养鸟，将养鸟作为一种休闲娱乐方式。他们会精心挑选各种鸟类，如画眉、八哥、鹦鹉等，饲养在鸟笼中，并花费时间和精力训练它们唱歌、说话等技能。养鸟不仅可以欣赏鸟类的美丽和歌声，还能给人们带来精神上的愉悦和放松。这种养鸟习俗在江南的城市和乡村都较为普遍，成为社会生活的一道独特风景。斗鸟也是江南地区一项具有特色的娱乐活动，与鸟类崇拜有着密切的关系。人们会挑选强壮、善斗的鸟类，如画眉等，让它们在特定的场地进行争斗比赛。斗鸟活动吸引了众多观众，成为一种民间的竞技娱乐方式。这种活动不仅考验了养鸟人的饲养技术和训练水平，也反映了人们对鸟类的勇敢和竞争精神的欣赏。

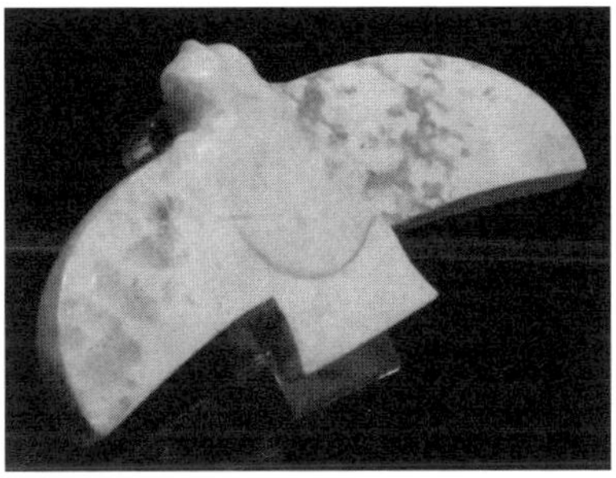

▲ 良渚人的鸟崇拜，认为鸟是负载太阳每日东升西落的“飞船”，鸟是天地间的信使，是人类与神灵沟通的媒介。图为良渚文化出土的玉鸟

▲ 民国时期街头卖鸟的小贩

古人对鸟类的崇拜所赋予的吉祥寓意，在清末民国江南民间依然被广泛认可和传承。例如，喜鹊被视为报喜鸟，人们相信看到喜鹊会有好事发生；燕子在江南人家的屋檐下筑巢，被认为是家庭和睦、吉祥如意的象征。这些吉祥寓意成为江南人民日常生活中的一种心理寄托，影响着人们的行为和观念。由于鸟类崇拜的传统，江南地区的人们对鸟类有着一定的保护意识。在一些地方，人们会自觉地保护鸟类的栖息地，不随意捕杀鸟类，这种措施

虽然在一定程度上受到了当时社会环境和经济条件的限制而未能有效展开，但仍然对江南地区的鸟类生态环境的保护起到了积极作用。

许多传统的手工艺品、建筑装饰上频繁出现鸟类图案。比如在江南的传统木雕、砖雕、刺绣等工艺中，经常能看到凤凰、喜鹊、仙鹤等鸟类形象。凤凰被视为吉祥、高贵的象征，其形象常被用于装饰高档的家具、屏风等，以彰显主人的身份和地位；喜鹊因有“报喜”的寓意，也成为民间艺术中喜闻乐见的题材，在一些服饰、手帕等织物的刺绣上常能见到，表达了人们对美好生活的期盼。这些鸟类图案的运用，不仅使工艺品具有了更高的艺术价值，也成为江南民俗文化的重要符号。

清末民初文人许南英《秋雁》七言律诗云：“天末凉风暂作寒，遥看只雁度云端。依稀秋信传来易，迢递乡音寄去难。吊影吴江枫叶老，失群沙碛蓼花残。衔芦回首衡阳过，不过衡阳泪不乾。”“遥看只雁度云端”，给人一种萧瑟之感；“依稀秋信传来易，迢递乡音寄去难”，隐隐约约中，遥远的家乡音信通过大雁传来的秋信容易传来，而远在异地的诗人的绵绵乡愁却难以寄去，凸显出诗人的思乡之情。在这首诗中，秋雁的形象代表着孤独、思乡、坚毅等情感，反映了当时文人对于鸟类的观察和感悟，以及通过鸟类来表达自己内心世界的创作手法。

雄黄红蘸高粱酒

——瑞兽信仰

“瑞兽”，字面含义就是“祥瑞的兽”，有吉祥、好预兆的意思。中国古人将一些被认为能够带来吉祥、福气、好运，或者具有美好象征意义的兽类称为瑞兽。这些兽类的出现，往往被视作祥瑞之兆，与当时人们对美好生活的向往、对太平盛世的期盼紧密相连。从文化象征角度看，瑞兽大多源于神话传说。在中国神话体系中，龙可

▲ 龙不仅是中国的瑞兽，还是中国古代神话中的神兽，象征着皇权和天下。龙在人们心目中地位崇高

▲ 晚清至民国时期铜洒金瑞兽香薰一对。麒麟乃中国的瑞兽，传说在圣人诞生时出现

▲ 传统装饰“貔貅”，人们相信它能带来欢乐及好运，还有镇宅、化太岁、促姻缘和辟邪等作用

以腾云驾雾、呼风唤雨，是一种具有超凡力量的神兽。它在传说中的形象和能力被赋予了吉祥的寓意，像掌管雨水，而雨水对于农耕社会至关重要，所以龙被视为能带来丰收和福祉的瑞兽。瑞兽还象征着各种美好的人类品质，如麒麟被称为仁兽，体现了仁慈、温和、公正等品质。它的出现被认为是世道祥和、君主圣明的象征，代表着人们对理想社会和高尚道德的向往。

瑞兽通常被认为具有某种灵性或神秘的力量。比如貔貅，传说它有嘴无肛，能吞万物而不泄，因此被赋予了吸纳财富的能力，同时还能辟邪镇宅，这种神秘的力量使其成为人们喜爱的瑞兽，人们相信它可以为自己带来好运和保护。从传统观念和习俗出发，瑞兽在传统的祭祀活动和仪式中扮演重要角色。例如在春节等节日的舞龙舞狮活动中，龙和狮被当作能够驱邪避灾、祈求吉祥的象征。

在人们的社会生活中，瑞兽的形象广泛应用于建筑和装饰领域。在古代建筑的房檐、屋脊、门廊等地方，常常会有瑞兽的雕塑或绘画。这些瑞兽的存在不仅是为了美观，更重要的是它们被认为可以起到镇宅、辟邪、纳福的作用，体现了传统观念中对瑞兽守护力量的信任。

在江南，除了龙、凤、龟、麒麟、貔貅等神兽，虎作为百兽之王，具有威严、勇猛的象征意义，在民间文化中也被视为能够驱邪避祟的神兽。在一些诗词中，文人会描写虎的威猛形象，以表达力量、勇气等情感。在描述动荡的社会局势或表达对强大力量的渴望时，可能会以虎为意象进行创作。有民国张延章《鄞城十二个月竹枝词》写道：“五月端阳老虎画，艾旗蒲剑辟群妖；雄黄红蘸高粱酒，苍术还须正午烧。”这里的虎与端午节的习俗相关，既体现了虎在民间信仰中的地位，也反映

▲ 1870 年宁波庆安会馆龙柱

了文人对传统节日和民俗文化的关注与记录。

此外，龟是长寿的象征，在中国文化中，龟还代表着稳定、安宁。古代用龟甲进行占卜，龟壳被认为具有神秘的预知力量，这也增加了龟的祥瑞色彩。在传统的书画作品中，也会出现龟与其他吉祥动物组合的画面，如“龟鹤同春”。鹤代表着长寿、高雅和吉祥。在道教文化中，鹤是仙人的坐骑，被视为超凡脱俗的象征，“松鹤延年”的图案是常见的表达长寿祝愿的艺术形式，在传统的诗词、绘画、刺绣等艺术形式中，鹤的形象频繁出现。比如在花鸟画中，画家描绘鹤

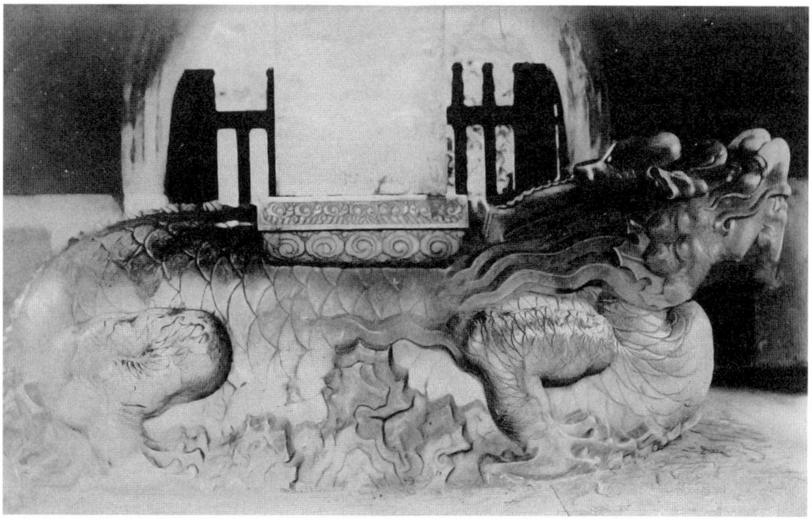

▲ 清末民初时期驮石碑的赑屃龟趺瑞兽石雕

在松林中起舞的画面，传达出一种高雅闲适、福寿安康的意境。

我们观察江南许多传统建筑，尤其是大型的祠堂、庙宇、官邸等建筑的屋顶上，常常会装饰有瑞兽的雕塑。例如龙，龙形的雕塑或图案经常出现在屋顶正脊或垂脊的端头，既增添了建筑的威严感，又寓意着能够庇护建筑内的人免受邪祟侵扰，带来吉祥与福气。还有像麒麟，也可能会被雕刻在屋顶的特定位置，象征着祥瑞和太平。这些瑞兽雕塑工艺精湛，造型生动，成为建筑的一大特色。江南地区的丝绸和刺绣工艺闻名遐迩，瑞兽图案是丝绸织物和刺绣作品中的重要题材。江南的雕刻艺术包括木雕、石雕、玉雕等，瑞兽是雕刻师们喜爱的创作主题。玉雕作品中的瑞兽则通常小巧精致，玉质温润，瑞兽的形象灵动可爱，人们会将其佩戴在身上，作为护身符或装饰品，以祈求平安吉祥。

江南的佛教寺庙和道教宫观中，瑞兽的形象也随处可见。在寺庙的建筑装饰上，会有龙、凤、狮子等瑞兽的图案或雕塑。例如，寺庙的大门前可能会摆放一对石狮子，狮子威风凛凛，具有辟邪、护寺的作用。龙被视为佛教和道教中的护法神，能够守护宗教圣地的安宁。在江南的一些传统祭祀活动中，瑞兽扮演着重要的角色。比如在春节、元宵节等重要节日的祭祀和庆祝活动中，会有舞龙、舞狮的表演，给节日增添喜庆的氛围。

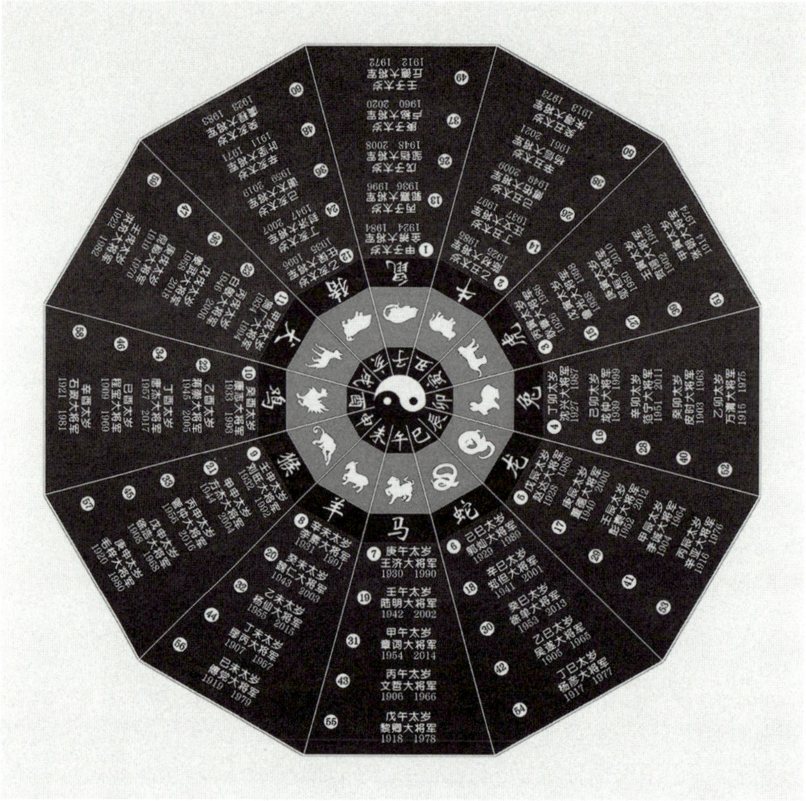

▲ 太岁与十二生肖的关系反映了中国古代天文学与传统文化的融合。图为太岁与十二生肖关系图

劳苦犹怀舐犊情

——生肖信俗

中国人每个人都有生肖。“生肖”的字义学，所谓“生”的含义，指出生、生命，也指生长、生存。在生肖文化里，生肖与出生年份紧密相连，代表着一个人来到这个世界的时间标志。例如，一个人出生在龙年，龙这个生肖就伴随他一生，成为他生命历程的一种象征符号，它象征着新生命与特定动物属相之间的关联，体现了时间与生命诞生的紧密结合。

上古时期，不同部落各有自己崇拜的动物，这些动物后来逐渐演变成十二生肖。比如牛是农耕社会的象征，相传神农氏炎帝是“牛头人身”，所以炎帝的后裔就以牛为图腾。在原始社会，人类生产力低下，猪、牛、羊等牲畜与农事活动关系密切，虎、蛇等动物可能威胁到人的安全，使人感到恐惧，这些与人类生活紧密相关或令人敬畏的动物，最终形成了生肖。

十二生肖的起源是个很复杂的问题，存在不同的起源假说，如“天象星宿说”，认为十二生肖源于二十八星宿；“木星运行说”，认为木星在黄道上运行，十二年为一个循环，便把每一循环命为一支，即为子、丑、寅、卯、辰、巳、午、未、申、酉、戌、亥十二支；加上“地支说”，认为生肖与地支同源，十二种动物是对十二地支的一一对应，以动物作地支标志，某年出生的人就有这一年的地支所配属的动物，由此用十二种动物来计算年龄。

至于十二生肖的排列顺序，也有不同的说法，一种是“趾爪奇偶说”，阴阳学中，奇数为阳，偶数为阴。明代大学者郎瑛在《七类修稿》中提出，可用动物足趾数目来判别其阴阳。老鼠前爪有四根脚趾，后爪有五根，前阴后阳，与子时相配，子时横跨两日，前半是头一夜的阴，后半是下一夜的阳；牛、羊、猪等偶蹄动物，鸡爪有四趾，兔子没有嘴唇但爪子有四个趾头，蛇虽无爪子但舌头分叉成两半，它们的足趾数都属于偶数；虎爪、龙爪、猴爪、狗爪均为五趾，马蹄是圆的没有分趾，也算作奇数。还有“动物习性说”，宋代学者朱熹认为，十二生肖动物的排列是根据每天动物活动的时间确定的。例如，子时是老鼠活动的时间；

▲ 民国时期的十二生肖铜雕作品

▲ 民国时期有关十二生肖的玉雕作品

丑时牛会反刍；寅时老虎最凶猛；卯时月亮将退、太阳将升，兔子在月中捣药；辰时龙行雨；巳时蛇开始活动；午时太阳当空，与马相配；未时羊吃草会长得更壮；申时猴子最活跃；酉时鸡回窝；戌时狗开始守夜；亥时猪睡得最熟。

▲ 银十二生肖镇尺，一组四件

▲ 民国时期香烟牌子上的十二生肖画

众多与生肖动物相关的民间传说也促进了生肖信俗的形成。如老鼠为什么排第一，说老鼠是靠智慧和机灵在生肖排序竞争中拔得头筹。这些故事在民间广泛流传，使得生肖文化更加深入人心，逐渐形成了对生肖动物的特殊情感和信仰习俗。每个人都有自己所属的生肖动物，这种与生俱来的联系使得人们对自己的生肖动物有一种认同感。人从孩童时期起，就通过故事、儿歌、长辈的讲述等方式接触到生肖文化。这种文化传承使得生肖动物成为人们熟悉的文化符号，在成长过程中不断强化对生肖动物的亲切感。近人杨凤生《十二生肖竹枝词》写“丑牛”云：“助就天孙七夕盟，又随李耳闯关行。饮塘食草勤耕种，劳苦犹怀舐犊情”，既提及了牛郎织女故事中牛的作用，又讲到老子骑青牛出关的典故，还突出了牛勤劳耕种和舐犊情深的特点，可见生肖信俗的涉及面是非常广泛的。

生肖还与“本命年”的信俗相关联，所谓“本命年”是指十二年一遇的农历属相所在的年份，也就是和自己生肖相同的年份。生肖是本命年的核心标识。清末民国江南就流行有在本命年中，红色被视为吉祥、辟邪的颜色，人们认为本命年是一个人的属相值岁，这一年生肖的力量会对自身产生较大影响，可能会遇到坎坷或灾祸。而红色有祛邪镇妖的作用，所以人们会在本命年穿红色的内衣、内裤、袜子，系红腰带等来趋吉避凶，蕴含着对生肖本命年特殊意义的重视。

本命年也与生肖所代表的神灵崇拜有关。在本命年，人们会去寺庙或者特定场所祭拜与自己属相相关的神灵或者象征物，如祭拜六十星宿轮值太岁，通过祭祀仪式，将生肖的象征意义与本命年的祈福愿望相结合，希望得到生肖神灵的庇佑，让本命年能够平安度过，并且获得好运。

素贞得道上千年

——蛇精成神

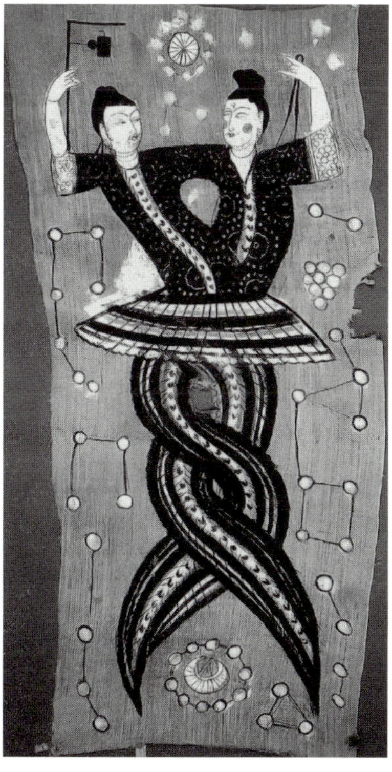

▲ 上古神话中，人面蛇身是常见的大神形象，伏羲、女娲都是人面蛇身。图为新疆出土的伏羲女娲画像

江南人的蛇崇拜，可以追溯到远古时期，至少在吴越争霸的春秋时期。据《吴地记》记载，苏州有八座城门，其中蛇门较为神秘。传说伍子胥建城时，根据风水理论，因吴国的宿敌越国在南面，城南五点钟方向属巳位，对应生肖是蛇，所以将该城门称为蛇门。当时的城门上还悬挂着一条木蛇，因为在五行中，巳属木。这显示出古人在城市建设中赋予了蛇特殊的象征意义，也反映出对蛇的一种敬畏和崇拜心理。

在江南的一些地方，施相公信仰与蛇紧密相关。传说宋代有个叫施锷的秀才养了一条威力无比的小蛇。他被官府误杀后，小蛇为他报仇，连伤几十人。后来官府为施锷平反，并封他为“护国镇海侯”，人们建施相公庙祭祀他。这一传说使蛇在人们心中具有了神奇的力量，也让施相公成为具有蛇神属性的民间神灵。

影响最大的还是白娘子的传说，《白蛇传》的传说在江南地区广泛流传，白娘子虽是蛇精，但她

▲ 1905 年上海某寺金刚塑像紧紧抓住蛇的造型

善良、勇敢，为了追求爱情不惜与法海抗争。这一传说使蛇的形象具有了人性化的特点，也在一定程度上反映了江南民众对蛇的复杂情感，既有对蛇妖能力的敬畏，又有对其美好品质的认可。在江南的一些地方还曾建立过蛇王庙，比如苏州娄门城墙根曾有一个被称为毒蛇墩的地方，据说柱子上都盘绕着木雕的蛇。每年农历四月十二为蛇王生日，四方香客会前来进香、乞符，回去后将符贴在家里的门窗上，以求远离毒蛇。这体现了人们对蛇王的崇拜，希望通过祭祀蛇王来获得庇佑，免受蛇害。

▲ 1911 年法国传教士所绘江南民间信仰图：济公老佛菩萨，他战胜了大蛇

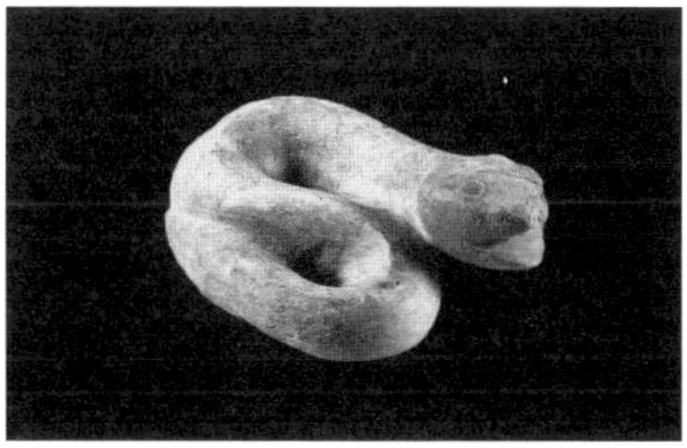

▲ 商代的石蛇。金沙遗址博物馆藏

江南的一些食品也与蛇有关，例如宋朝时苏州出现的蟠龙馒头。这种馒头发源地在如今观前街的施相公弄里，传说与施相公养蛇的故事有关。最初祭祀施相公时用的馒头有蛇盘在上面，后来演变为龙形，但仍被称为“蟠龙馒头”。这一食品的出现反映了蛇在江南民间文化中的独特地位。江南民众对家蛇普遍敬畏，认为盘踞在老房子里的家蛇是家里的守护神，一般不会伤害它们。家蛇通常无毒，以吃家里的老鼠为生，与人和平相处。人们对家蛇敬而远之，若不小心惊扰到家蛇，会进行一些祭祀或祈祷的仪式，以祈求家蛇的原谅和庇佑。

蛇精成神，说到底还是古人普遍持有的万物有灵观念的投射。蛇作为自然界中常见的生物，其神秘的生活习性，如蜕皮再生、无声无息的行动方式、栖息于阴暗之处等特点，容易让古人觉得它们拥有超自然的力量。这种对自然生物的敬畏心理是蛇成神观念的最初来源。早期的某些蛇图腾的部落，将蛇视为祖先或保护神。随着时间的推移和文化的融合，这些关于蛇图腾的信仰和故事传播开来，为蛇成神的观念奠定了基础。加上在道教文化中，万物皆可修炼成仙。蛇被认为是具有灵性的生物，能够通过修炼获得神性，佛教有众生平等、慈悲为怀的理念，这使得白蛇的形象在一定程度上被赋予了正面的道德价值。

在江南民间，关于蛇的传说故事不断演变。最初可能只是简单地描述蛇的神奇力量，随着人们的口口相传，故事逐渐丰富。蛇精形象在不同时期经历了显著的演变和发展。早期在唐代及以前，如《博异志·李黄》和宋元话本《西湖三塔记》中，蛇妖是凶残阴险的形象，以美色引诱男子后害其性命，主要起告诫男子勿近女色的作用。到了明代，冯梦龙《警世通言》中的《白娘子永镇雷峰塔》奠定了白蛇故事的核心框架。白娘子妖性减弱，虽仍有妖性如会用法术偷财物，但已对许仙充满迷恋，只想做一世夫妻，开始有了人性一面。清代及以后，在戏曲和民间传说中，白娘子的形象被不断美化和丰富，成为美丽、善良、勇敢的女子，为追求爱情与法海抗争，成为自由恋爱象征。青蛇形象也从早期的单一配角逐渐丰富，性格更加鲜明，敢爱敢恨、活泼机灵，甚至有了独立故事线。到民国时期蛇精形象更加多元化，强化正面形象，将白娘子和小青塑造成美丽、善良、智慧的女性，爱情故事更感人。后人东旭在评论《白蛇传》时，诗云：“素贞得道上千年，细雨断桥寻许仙。好事由来多搅乱，毒僧可恨最狂颠。”白蛇传说在江南地区的市井巷陌中广泛流传，让蛇成神的观念深入人心。

▲ 20 世纪 30 年代，上海街头的驯蛇人，他一番吆喝后，现场慢慢围了不少人

巧将糯米为龙凤

——龙凤信仰

清末民国时期江南民众的龙凤信仰，有着深厚的文化底蕴。千百年来，人们对是否真有龙这种动物，或者龙的原型到底是什么动物，

充满了各种各样的争议。在多种关于龙的原型的说法中，最有影响的是龙的原型为蛇说。著名学者闻一多在20世纪40年代考证龙图腾的最初原型，他认为是古百越族人的蛇图腾。此后，不少学者也都认为龙的原型是蛇。1934年，中国古史专家卫聚贤在其著作中提出“龙即鳄鱼”的说法，一些外国学者也认为龙是鳄鱼。此外，还有人认为龙的主干的基本形态是蛇、蜥蜴，还有人提出龙凤是从千变万化的北极光演变而来的说法。

龙是中华民族在形成和发展过程中创造出的一种共有图腾，并逐渐成为中华民族的精神和文化象征。不管哪一种说法，中国人龙凤信仰的起源与原始的图腾崇拜有着密切关系是比较一致的看法。在远古时期，人们对于一些具有强大力量或特殊能力的动物有着敬畏和崇拜之情，将它们视为自己族群的保护神或祖先的象征。龙的形象融合了多种动物的特征，恰如宋人罗愿为尔雅所作的补充《尔雅翼》中“释龙”所言：“角似鹿、头似驼、眼似兔、项似蛇、腹似蜃、鳞似鱼、爪似鹰、掌似虎、耳似牛”，龙被认为具有强大的力量和神秘的能力，能够呼风唤雨、保护族群。而凤在古代被视为百鸟之王，象征着吉祥、美好和高贵。江南地区的人们可能受到这种普遍的图腾崇拜观念的影响，逐渐形成了对龙凤的信仰。当然，江南地区水网密布、气候湿润，经常会出现一些奇特的自然现象，如云雾缭绕、电闪雷鸣等。人们可能将这些自然现象与龙凤的形象联系起来，认为龙凤是自

▲ 凤凰，中国古代传说中的百鸟之王，是吉祥和谐的象征。凤凰齐飞，被视为吉祥的预兆，代表着美丽、力量和独立

▲ 清末民初的一组清代年画“龙凤呈祥”图

▲ 民国时期新春佳节人们以舞龙形式欢庆和期盼

然界中神秘力量的化身。例如，闪电的形状蜿蜒曲折，与龙的形态有些相似；而凤凰的美丽和神秘，也可能与江南地区的一些美丽的鸟类或自然景观有关。

江南地区历史上经历了多次的民族迁徙和移民交流，不同的文化相互融合，也促进了龙凤信仰的形成。在与北方文化的交流中，江南地区吸收了北方的龙凤文化元素，并与本地的文化特色相结合，形成了具有江南特色的龙凤信仰。舞龙舞凤是江南地区重要的民俗活动，在各种传统节日、庆典、庙会等场合经常出现。舞龙表演气势磅礴，龙身随着舞龙者的动作上下翻腾、左右盘旋，仿佛活龙一般；舞凤表演则优美轻盈，凤凰的形象在舞者的舞动下栩栩如生，寓意着吉祥如意、幸福美满。

上海金山吕巷镇的小白龙习俗传承至今。胥浦庙的祭祀仪式结束后，人们会抬着小白龙的神像出巡。巡游队伍一路前行，沿途村落的村民会在家门口设祭桌、登龙门、燃放鞭炮等，以祈求小白龙保佑。这一过程不仅彰显了人们对龙神的信仰，也加强了社区之间的联系与凝聚力，从而成为国家级非遗。还有叶榭舞草龙、三林舞龙等都是江南地区具有代表性的舞龙形式。作为古老的龙崇拜的产物，上海龙舞中也表现出人与自然和谐相处的意识。金山吕巷小白龙传说起于明成化年间，秦望山白龙洞中有小白龙修炼并护佑当地百姓的说法。某一年的农历三月初三，小白龙神下凡到人间，给当地带来福泽。自那以后，当地百姓为了感谢它，每年农历三月初三都会开展相关的系列活动。村民们会前往位于秦望山的白龙洞举行迎请仪式，并在胥浦庙举行盛大的祭祀仪式，感谢小白龙守护吕巷地区一方平安、保佑农作物丰收之功。祭祀仪式庄重而肃穆，表达了人们对小白龙神的崇敬与感恩之情。小白龙以竹为筋骨，稻草外蒙白土布为龙身，舞动时白布随龙身连绵起伏，展现出龙的游弋、起伏、翻腾、穿越等姿态，观赏性很高。金山小白龙习俗蕴含着当地民众世代尊崇龙神"有功德于民"的历史记忆与礼俗信仰的朴素情感，反映了人们对自然的敬畏、对美好生活的向往和追求，体现了农耕文化背景下人与自然和谐相处的理念，以及民间信仰与民俗文化的紧密结合。

晚清诗人许南英《冬至》竹枝词云："巧将糯米为龙凤，明日邻

▲ 民国上海曹素功墨庄全美龙翔凤舞老墨一对

▲ 民国上海豫园内园耸翠亭旁的"眠龙"，威风凛凛的龙头和龙身非常吸引人们的目光

家共借看。”民众用糯米制作成龙凤的形象，既表达了人们对吉祥、幸福的追求和向往，也是一种对传统祥瑞文化的体现与传承。此外，在一些地方的婚庆、寿宴等喜庆场合，也会有舞凤表演，为活动增添喜庆氛围。民国初年，上海精武体育会为吸引更多的人关注和参与武术运动，推动中华武术的传承和发展，举办“凤舞”这种具有独特文化内涵和艺术表现力的武舞形式，在一定程度上更能引起观众的兴趣和共鸣。在江南地区，每年端午节期间，江南各地都会举办盛大的龙舟竞渡活动，龙舟的形象也与龙信仰紧密相连。吸引众多民众参与和观看。在江南的传统建筑中，龙凤图案被广泛应用于建筑装饰上，刺绣、剪纸、木雕、玉雕等工艺中，也都有大量以龙凤为主题的作品。

聊与共温冷榻耳

——狐仙信俗

中国文化中的狐狸形象具有复杂性。先秦时期，狐就被认为具有灵性，《山海经》中对狐的灵异性有诸多描述。狐狸在一些民族的文化观念中被认为具有灵性、通达人情、怀有仁德等，其形象往往代表着吉祥、美好的寓意。传说大禹治水时，九尾狐曾给大禹说亲，迎娶涂山氏女娇，这使得九尾狐成为瑞兽的代表之一。秦汉时期，狐的形象开始发生变化。汉代以后，狐的灵异性被进一步放大，与鬼、仙等概念联系起来。作为山川之神的狐逐渐销声匿迹，普通的赤狐由于其昼伏夜出、多穴居于墓穴附近等习性，给人一种神秘诡异、难以捉摸、鬼鬼祟祟的印象，开始被视作妖魅。魏晋南北朝是个变幻莫测的朝代，狐妖的负面形象跌落谷底，成为一种令人恐惧的存在。在魏晋志怪小说里，狐妖会通过采捕人类精气来修炼自己，是为害人间的妖怪，如同过街老鼠般被人们所厌恶和惧怕。

到了唐代，开始有了对狐狸的祭拜。《全唐诗》卷八七七载：“事狐神谚：无狐魅不成村。唐初以来，百姓多事狐神，房祭祀以乞恩，食饮与人同之。”这种对狐的神秘化认知和敬畏心理经过长期的历史沉淀，为狐仙信俗的形成奠定了基础。唐代文人多信奉狐仙，也开始出现具有人性的狐妖形象。唐沈既济所著《任氏传》中的女狐任氏，虽有狐妖本质，但个性纯真、善良，对男主角郑六忠贞不二，打破了以往女狐只会魅惑男性、吸食精气的反派形象。这一时期的狐妖故事丰富了狐妖的形象内涵，也开启了后世狐妖文学的发展。

宋代的狐仙故事相较于唐代数量减少，但仍以狐化形为美女诱惑他人为主流。不过，这一时期的狐妖形象开始有理想化的趋势，出现了一些外表美艳且有着高尚品格的狐妖，几乎可说是文人理想中的贤妇。狐妖的行为也不再单纯是为了诱惑人类，还会有帮助人类、医治人疾等善良的举动。明清时期，许多小说中都有狐仙的故事，如蒲松龄的《聊斋志异》，纪昀的《阅微草堂笔记》等。这些作品中塑造了众多美丽、善良、聪慧的狐仙形象，她们与人类产生了各种情感纠葛。这些小说在江南地区广泛流传，使得人们对狐仙的形象和故事更加熟悉和喜爱，进一步加深了对狐仙的信仰。

▲ 古代衙门供奉的狐仙

江南地区有着丰富的民间传说，其中不乏关于狐仙的故事。这些传说往往与当地的地理环境、历史事件、人物等相结合，具有浓厚的地域特色。例如，一些传说中狐仙会帮助善良的人解决困难，或者惩罚作恶的人，反映了人们对狐仙的敬畏和期望，也促进了狐仙信俗的传播。狐妖不仅具有美丽的外貌和聪慧的天性，还成为文人心目中理想的贤妻。她们善良、正直、重情重义，品格远高于人鬼，彻底颠覆了魏晋以来民众对狐妖的负面印象。

▲ 民国时期的“狐妖想象图”

《聊斋志异·卷八·丑狐》云：“我狐仙也。怜君枯寂，聊与共温冷榻耳。”这句话对于处于社会动荡不安下的人们，具有特别的温情。那个兵荒马乱的年代，人们的生活困苦不堪，面临着诸多困难和挑战。在这种情况下，人们渴望得到超自然力量

▲ 晚清、民国苏州桃花坞诸神年画中出品的“狐仙之神”

▲ 清蒲松龄《聊斋志异》叙述狐仙故事,图为《聊斋全图》第 31 册中的辛十四娘见冯生的插图

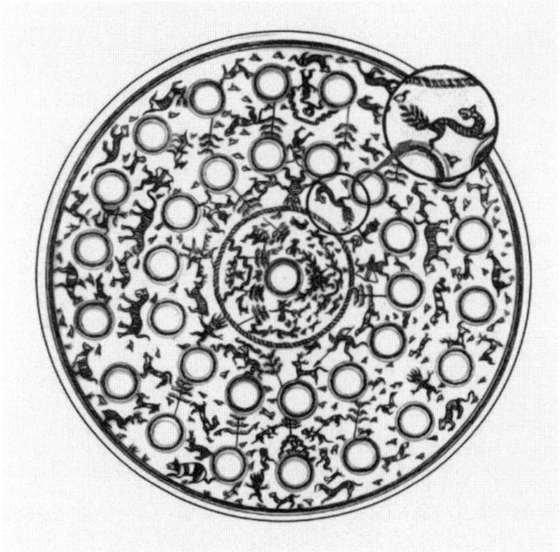

▲ 江苏淮阴高庄战国墓出土铜箅形器上的九尾狐形象

的庇佑,“聊与共温冷榻耳”,狐仙作为一种具有神秘力量的存在,就很自然地成为人们寄托希望和寻求安慰的对象。人们相信通过祭祀狐仙,可以获得平安、健康、财富等。狐仙在文学作品和传说中往往被描绘成美丽、善良、聪慧的形象,她们与人类的爱情故事也充满了浪漫色彩。这些美好的形象和故事满足了人们对美好事物的向往,使得狐仙信俗在江南地区具有一定的吸引力。

道教的精怪变化观念以及对神仙的追求,与狐的神秘形象相契合。在道教文化的渲染下,狐逐渐从狐神信仰转化为狐仙信仰,狐仙被认为是通过修炼可以获得长生不死的存在。在江南地区,一直存在着对狐仙的祭祀活动。人们会在家中或专门的狐仙庙中设置神位,供奉香火、供品等。这种祭祀方式与古代的狐神祭祀有一定的延续性,体现了对狐仙的敬畏和崇拜。人们对狐仙的一些基本信仰观念,如狐仙具有神奇的力量、能够影响人的命运等,在清末民国时期仍然得到了保留。这些观念在民间传说和人们的口口相传中不断传承,成为狐仙信俗的核心内容。

▲ 1878—1880 年间，宁波徐凫岩瀑布前的石桥与古树

绿波红树得秋多

——树神膜拜

《庄子·逍遥游》曰：“上古有大椿者，以八千岁为春，八千岁为秋。”树木四季常青、万古长存的特性让古人惊羡不已，视树为生命之神。从远古时代起，古人相信万物有灵，人们认为神灵是万物生命的根本，自然界的一切事物都有灵魂或神灵存在，在原始植物崇拜中，最高的神祇是树神，树神不仅是万物生殖的象征，亦是人类繁衍的象征。江南地区的先民们也持有这种观念，对周围的自然事物充满敬畏，而树木作为自然界中常见且具有强大生命力的存在，容易被人们视为有灵之物。

江南地区有许多古老的大树、古树，它们形态奇特，有的树干粗壮、枝繁叶茂，有的树身已空洞却依然生机勃勃。这些大树经历了漫长的岁月，见证了无数的风雨和人事变迁，其顽强的生命力和神秘的形态容易让人们产生联想和敬畏，进而将其视为神的化身或象征。在

▲ 上海嘉定有一棵银杏树，编号为上海 0001 号，距今已经 1200 多年了，堪称树王

江南地区，社树是社神的象征，通常与神庙结合。例如，苏州市太湖东山湖沙村的猛将堂前就有一棵两百余岁的榉树，作为土地生命力的象征。这种结合体现了古人“靠树为坛”的原始自然崇拜。

树木在生态环境中具有重要的作用，如遮阴、保持水土、调节气候等。在江南水乡，树木对于防止洪涝灾害、保护农田和村庄具有重要意义。因此，对树木的依赖和感激之情也促使人们将树木神化，赋予其神圣的地位。古树被视为土地生命力的象征，也是社神的具象化身。例如，位于现上海嘉定区安亭镇光明村最古老的银杏树编号为“上海0001号古银杏树”。这株古银杏栽植于唐贞元元年（785），距今已有1200多年的树龄，有“上海树王”之称，还因在六个朝代都有文献记载，故有“六朝文物”之称，被人们视为神树。这种信仰体现了人们对土地力量的崇拜和对古树生命力的敬畏。

▲ 1858 年，上海郊外细林山，一男子依偎古树，树环坟墓，男子为守墓人

尽管明清时代的社坛制度在江南地区已经停止，但“社”的传统仍被保留下来。树作为社神的一部分，在社所在之处种树的传统自古就有。这种信仰形式从古老的社祭仪式，演变为今天的树神庙。古树承载着人们对祖辈生活的记忆，也是现世生活安稳的祥瑞之兆。清末江南地区的古树信仰是一种深厚的文化传统，通过社树与神庙的结合，古树的象征意义以及社祭仪式得以延续，这种信仰不仅存在于宗教仪式中，也深深植根于民众的日常生活和文化传统中。

▲ 20 世纪初上海周边的古树

在今江苏常熟谢桥地区，有一棵被当地人尊称为“银杏王”的古银杏树。据说这棵银杏树历史悠久，曾多次显灵庇佑当地百姓。在过去，每当有自然灾害或疾病流行时，人们就会到银杏树下祭拜，祈求树神的庇护。甚至有人传说，在树下许愿会得到树神的回应，愿望得以实现。传说在江南陵亭（今江苏省兴化市南老阁）也有一棵大树，高数十丈，常有黄鸟在树上做窝。有一段时间久旱不雨，村里的老人们认为这棵树常有黄气缭绕，或许有神

▲ 上海金山枫围新义村的古银杏树

灵居住，于是带着酒肉前往祭拜。果然，到了第二天中午大雨倾盆，解了旱情。村民们感激不已，便把这棵树尊为树神，为其立了祠堂。在江南一些地方，过去有穷人家，为了让孩子生存得更顺利，就会认古树为干娘，其中槐树最受欢迎。因为民间认为“槐能生子”，相传槐树很有神灵之气。认干娘时，孩子要跪在树前烧香磕头，然后抱住大树摇晃并转圈，口中念叨吉祥的话语，期望得到树神的佑助，像大树一样茁壮成长。

近代文人高燮《乡土杂咏》诗中的“绿波红树得秋多，指点天空一鸟过。我向溪南看落日，湾头毕竟最嵯峨”，描摹了上海金山朱泾镇南落照湾风光，呈现了乡村中人们在古树下祭祀树神，祈求风调雨顺、保佑乡邻平安的场景，反映了树神信仰在民间的存在以及人们对其具有的期望和信赖。

花朝十二赛花神

——花神信仰

在江南，人们认为花草是有灵性的，文人雅士对花草情有独钟，留下了许多与花草相关的故事。掌故大王郑逸梅在《花果小品》中记载，王西神爱晚香玉成癖，他在《菊影楼话堕》中写道：“妆阁中晚香玉数盆，培种甚茂。花时玉朵琼英，攒芬透馥，必坐水晶帘底，于酒醒人静时，细细领略，香远益清，得未曾有。”一些书画家擅长画花，他们在创作过程中仿佛能与花草交流，从花草中获得灵感。据说

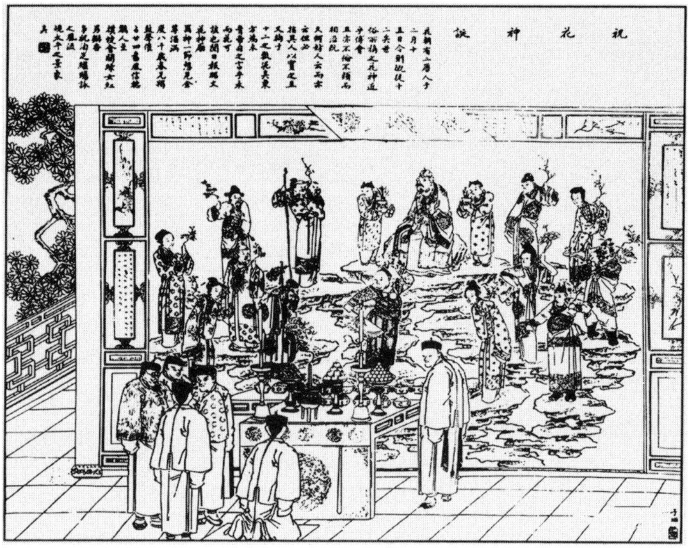

▲ 1887 年上海《点石斋画报》之《祝花神诞》

▲ 晚清上海《时事报》“每日古事画”刊登的《花朝扑蝶会》

有一位画家，为了画好牡丹，日夜观察牡丹的形态和神韵，有一天他在梦中见到了牡丹仙子，仙子向他展示了牡丹最美的姿态，此后他的牡丹画更加生动逼真。

人们还相信花草植物的预兆，认为如果家中的花草突然茂盛地生长、开花，或者原本不开花的植物突然开花，是吉祥的预兆，可能会有好事发生；相反，如果花草突然枯萎或出现异常，人们会认为这是不祥之兆。曾有一个富商，家中养了许多珍贵的花卉，有一段时间，他花园里的花草莫名地枯萎死亡，不久后富商的生意就遭遇了挫折。

这种花神信仰的起源较为复杂，古代神话中，很早就有与花相关的神灵形象。传说中女夷是主宰春夏万物生长的女神，《淮南子·天文训》记载“女夷鼓歌，以司天和，以长百谷禽兽草木”。后来女夷逐渐演变成花神的形象，被人们所信奉。民间还流传着其他与花神相关的传说故事，唐天宝年间，有崔玄微帮助百花之精抵御风神的故事流传。这些故事丰富了花神的形象和内涵，也增强了人们对花神的信仰。江南地区气候温和，花卉种类繁多，四季都有鲜花盛开。花卉的美丽、芬芳以及它们在不同季节的绽放，给人们带来了视觉和嗅觉上的享受，也成为美好、吉祥、幸福的象征。人们将对花卉的喜爱之情转化为对花神的信仰，认为花神是花卉的主宰，能够保佑花卉的繁茂

▲ 20 世纪 30 年代,《江南女子赏花图》

和美丽，人们对自然的认知有限，对自然力量充满敬畏。道教中有许多与花卉相关的神仙和传说，如魏夫人的弟子黄令徵被视为花神之一。道教的教义和修行方式也与花卉有着密切的联系，如道教的内丹修炼中常常以花卉来比喻人体的精气神。一些佛教节日和仪式中也会使用花卉，如佛前供花等。这些佛教文化中的花卉元素，也在一定程度上影响了人们对花神的信仰和崇拜。

从古代的神话传说到传统的宗教思想，都为花草有灵的认知提供了土壤。在儒家“天人合一”的思想影响下，人们也倾向于将花草视为与人类相互关联的生命形式，它们的生长兴衰和人类社会的吉凶祸福被认为是相互呼应的。

▲ 1920 年花朝节，学者刘半农绘《南天竹与水仙》

一年一度的花朝节在江南地区的盛行，强化了人们对花神信仰的认知。这一节日是为纪念百花生日而设，一般在农历二月初二、二月十二或二月十五举行。在花朝节期间，人们会举行各种仪式来礼拜花草。花朝节是一种向花草传达祝福、祈求花草茁壮成长的方式，承载着花神信仰的文化内涵，体现了人们相信花草能够感知人类的善意并作出回应的观念。个人或家庭对花神祭祀，是一种私密表达，祈求花神保佑家庭平安、幸福。

▲ 旧俗浙江嘉兴六月二十四为“荷花生日”，足见当时的盛况

江南园林文化也反映了人们对花草灵性的尊重。江南园林以其精致的布局和丰富的植物景观闻名。园林主人在设计和打理园林时，会充分考虑花草的生长习性和特点，将花草视为园林的灵魂。不同的花草被安排在特定的位置，以营造出四季有景、移步换景的效果。人们与花草亲密接触，这种对花草的精心呵护和欣赏，也是基于对花草灵性的一种敬畏和礼拜。花朝节不仅是一种祭祀活动，也是人们社交、娱乐和文化交流的重要场合。在节日期间，人们会聚集在一起，欣赏花卉、吟诗作画、品尝花糕等，增加了人们对花神信仰的认同感和参与度，也促进了花神信仰的传承和发展。

清人秦荣光的《上海县竹枝词》中写道：“花朝十二赛花神，十九观音佛诞辰。约伴向沉香阁去，桃花扇小杏衫新。”这首竹枝词生动地记录了上海地区在花朝节赛花神的习俗以及人们前往沉香阁的热闹场景，反映出花神信仰对人们日常生活的影响。在一些以花闻名的地区，人们会通过竹枝词表达对花神护佑花卉产业繁荣的期盼，或者描述在花神节期间人们参与各种庆祝活动的欢乐场面和氛围。

千磨万击还坚劲

——竹子信仰

江南民众与竹子特别有缘，这与儒家所倡导的正直、气节、有操守等品德相契合。儒家思想在江南地区长期占据主导地位，民众受其熏陶，将竹子视为君子品德的象征，无论是文人雅士、普通民众，都对竹子怀有崇敬之情，这种以竹子比附君子之德的观念深入人心，成为竹子信仰的重要思想基础。比如，清代王子猷曾借住他人空宅，第一件事就是让人在庭院里种竹，并说“何可一日无此君”，体现出对竹子所代表的君子品德的追求与推崇。古代文学作品中对竹子的赞美和歌颂不计其数，从《诗经》中的“瞻彼淇奥，绿竹猗猗”到苏轼的“宁可食无肉，不可居无竹”，大量的诗词歌赋不断强化了竹子在人们心目中的美好形象。江南地区文化繁荣，民众受教育程度相对较高，对这些文学作品的接触和理解更为深入，使得竹子的文化内涵在江南民众心中扎根更深。

江南地区自然环境为竹子的生长提供了得天独厚的条件，竹林遍布，景色优美。人们生活在这样的环境中，耳濡目染，对竹子的形态、气质有了更直观的感受。竹子的翠绿、挺拔、清幽等特点，给人以美的享受和精神上的慰藉，容易引发人们对竹子的喜爱和敬畏之情。道教追求自然、无为、清净的境界，竹子的自然形态和生长习性与道教的理念相契合。在道教的修行场所和文化中，竹子常常被视为

"Tchou pao ping ngan"
Un bébé tient un vase à fleur contenant des rameaux de bambou.
Le bambou ici est symbole de paix et de santé.
The Bamboo, symbol of peace and happiness (a demon-dispeller).

▲ 1911 年法国传教士所绘江南民间信仰图：《竹报平安》

一种具有灵性的植物。江南道教文化的兴盛，道观周围往往种植大量竹子，佛教中，竹子也有特殊的象征意义。比如“青青翠竹尽在法身”的说法，将竹子与佛法相联系，寺庙中常种植竹子作为风水林。江南地区寺庙道观众多，民众在宗教活动中接触到这些观念，也促进了竹子信仰的形成。

▲ 民国时期苏州沧浪亭里的红哺鸡竹

▲ 民国时期春天江南的竹林，人们拾级而上，欣赏大自然的美好景象

竹子在江南传统建筑中应用广泛。一些民居会使用竹子作为建筑材料，比如搭建竹屋的框架、屋顶的支撑结构等。在一些清末民国的乡村地区，竹屋是常见的居住形式之一，江南的庭院设计中，竹子是重要的景观元素。人们会在庭院中种植竹子，打造出清幽、雅致的景观效果。江南民众利用竹子制作了各种各样的生活用品，如竹篮、竹筷、竹席、竹椅、竹床等。这些竹制品不仅实用，而且具有天然的材质美感，竹席则是夏季消暑的必备用品，竹子的清凉特性能够帮助人们在炎热的天气中获得舒适的睡眠。

竹子信仰推动了江南地区竹艺的发展。竹艺师傅们通过精湛的技艺，将竹子加工成精美的工艺品，如竹雕、竹编等。竹雕作品以其细腻的雕刻工艺和独特的艺术风格，成为江南文化的代表之一；竹编工艺则可以将竹子编制成各种造型的器具、装饰品，如竹编的动物、花卉等，具有很高的艺术价值。这些竹艺作品还远销其他地区，成为江南文化的重要传播载体。

作为一种文化符号，竹子激发了江南文人的创作灵感，清人郑燮（郑板桥）以画竹闻名，他的竹画作品体现了竹子的神韵和气质，其题画诗“咬定青山不放松，立根原在破岩中。千磨万击还坚劲，任尔东西南北风”更是广为流传，成为竹子精神的生动写照。竹子在江南的音乐文化中也占有重要地位。江南丝竹是中国传统的民间音乐形式之一，其乐器主要包括竹笛、箫、笙等竹制乐器。这些乐器发出的声音清脆悦耳，具有浓郁的江南特色，能够演奏出优美动听的音乐。

▲ 1908—1910 年杭州西湖风景：竹林云楼

竹子的正直、坚韧、中空、有节等特性，被江南民众视为高尚品德的象征。人们在生活中遇到困难和挫折时，会从竹子的精神中汲取力量，获得心理上的安慰和支持。竹子的顽强生命力和不屈不挠的精神，激励着人们勇敢地面对生活的挑战，保持积极向上的心态。同时，竹林的清幽环境也成为人们寻求心灵宁静的场所，人们可以在竹林中散步、冥想，摆脱世俗的烦恼，获得内心的平静。竹子的根系发达，可以保持土壤的稳定性，防止水土流失。在一些山区和丘陵地区，人们会在农田周围种植竹子，起到保护农田的作用。江南的竹制品工艺精湛，深受人们喜爱。这些竹制品不仅满足了当地民众的需求，还通过商业贸易流向其他地区，为江南地区带来了经济收入。一些地方还形成了以竹子为原料的产业集群，如竹制品加工、竹材贸易等，促进了当地经济的发展。

▲ 民国时期一群穿旗袍姑娘在竹林间游玩休憩

第七章

民间生活中的趋利避害

民间生活中，趋利避害、追求幸福平安是人们的普遍愿望，而中国民间信仰不具有制度化宗教的坚硬外壳，其中蕴含着泛神论的内涵因素。民俗信仰，或者说“民间信俗”，历史渊源深厚，是民族思想和文化中不可或缺的层次，是形成民族凝聚力的重要因素，对社会生活在不同程度上起着调节与控制的作用。

民俗信仰有一个显著特征，即信仰的多元性与功利性。在古代中国，人们对神祇的信奉几乎成了生活的一部分。尽管这些民间信仰中包含了许多现代科学视角下的迷信成分，诸如风水布局、卜筮占卜、八字命理、相面摸骨、算命定数、测字解谜、符咒避邪、扶乩问疑、圆梦释意等，但其中亦不乏蕴含着朴素的生活智慧与道德教化功能。

在一些地区，人们仍然相信符咒具有神秘的力量，可以驱邪避灾。例如，有的人家会在门口贴上特定的符咒，认为这样可以阻挡邪恶力量进入家中，保护家人的平安。日常生活中，如药渣倒在岔路口，抚摸铜狮子的头部，还有一些“左眼跳财，右眼跳祸”等举不胜举的俗信，日常生活中，有的人佩戴经过“开光”的符咒饰品，如项链、手链、玉器等，以祈求好运。这些观念的文化源头可追溯至古代的巫术信仰，但其在发展中已融入宗教和民俗的特定内涵，表达对祖先和神灵的敬畏之情。这种祭祀活动的目的是希望通过与超自然力量的沟通，获得平安、健康和好运。

在传统观念中，人们倾向于将身体的各种现象与命运联系起来，左眼和右眼的不同跳动被赋予了完全不同的含义，这种观念也受到中国传统文化中阴阳观念的影响。左为阳，右为阴，阳通常与积极、吉祥的事物联系在一起，阴则与消极、不利的事物相关联。这种观念在民间不断传播与积淀，成为一种约定俗成的说法。但从科学角度看，眼皮跳是由眼睑肌肉痉挛引起，多与用眼过度、疲劳、精神紧张、睡眠不足、眼部疾病等有关，并无财运或灾祸的寓意。尽管现代科学已经能够解释眼皮跳动的原因，但“左眼跳财，右眼跳祸”之类说法仍然在日常生活中被广泛提及，它反映了民俗对于身体现象和命运之间关系的一种想象和解释。

这些日常生活中的细节信俗虽然大多没有科学依据，但它们从侧面反映了民俗文化、传统观念和人们的心理需求，是民俗文化和心理现象的一种体现。

▲ 民国时期一个男子在家里举办家堂祭祖的情景

▲ 民国时期江南家庭供奉的祖先神位，称之为“家堂神灵”

祖灵堂前香火旺

——家堂神灵

家堂神灵指哪些神灵？严格地说，在东亚民俗信仰中，是指在家中供奉的神祇，是保护个人与家宅的神灵。不同地区的家堂神灵的具体指代可能会有所不同，但首先是指已经逝去的祖先，是家堂神灵中非常重要的一部分。人们通过祭祀祖先，表达对祖先的尊敬、感恩和怀念，同时也希望祖先能够保佑家族的繁荣昌盛、子孙平安。在宗教和民俗学范畴内，家堂神灵是家庭宗教仪式和信仰活动的核心对象。它代表着家庭与超自然力量之间的紧密联系，是家庭空间，如家中专门设置的供桌、神龛等场所的主宰者。这种信仰融合了多种宗教观念和民间习俗，与家族传承和地域文化紧密相连。

家堂神灵又是一个集合概念，除了祖先神灵，通常还包括地方保护神以及与家庭福祉相关的特定神祇，有的地方将土地神、灶神等也看成家堂神灵。土地神掌管着家庭所居住土地的安宁和肥沃；灶神监督家庭的善恶行为，并向上天汇报，它们与家庭的日常生活有着密切的关联；也有在家堂供奉观音菩萨，观音以慈悲闻名，能救度世人一切苦厄，在一些家庭中，观音菩萨被视为家堂神灵，人们相信她能保佑家庭平安、健康、幸福；还有如关圣帝君，关羽被视为武神和忠义的象征，能驱邪避灾、保护家庭；玄天上帝是北方大神，有镇宅防火的职能等。

守护家庭及其成员，是家堂神灵主要的职责，包括保护家人免受邪祟侵害、保佑家庭成员身体健康、促进家庭和睦、保障家庭的经济繁荣等诸多方面。人们相信祖先神灵会在暗中关注家族事务，在家族遇到困难时，如遭受自然灾害、人为灾祸或经济困境等，借助其超自然的力量给予帮助和引导。从特定的供奉仪式和祭品来看，清末民国江南大多数人对家堂神灵的供奉，有一套相对固定的仪式。包括日常的上香、点灯，定期（如节日、祖先忌日等）的祭祀活动，祭品的种类和摆放顺序也有一定的讲究。一般来说，祭品会根据不同的神灵喜好和祭祀场合有所不同，常见的有酒、肉、水果、糕点等。这些仪式和祭品是人们与家堂神灵沟通交流的重要方式，表达了对神灵的尊敬和祈求保佑的意愿。

▲ 民国时期人们逢年过节都要祭家中神位，重视家族香火传承

▲ 民国时期江南人家锅灶台上供奉的灶神

清末民国时期的江南人家，尤其是一些大户人家，对于祭祀家堂神灵非常重视，祭祀的仪式和用品都有严格的要求。祭祀祖先时，会提前准备好丰盛的祭品，包括鸡、鱼、肉、水果、糕点等，还要点燃香烛、焚烧纸钱。在祭祀过程中，全家人会依次向祖先磕头行礼，表达对祖先的敬意和祈福。一些人家还会请专门的祭祀人员来做法事，主持祭祀仪式，确保仪式

▲ 1946 年腊月二十三上海人家谢年，备香烛供具，写上祝词，焚纸轿纸马，送灶神上天

的庄重。

在祭祀家堂神灵时，有一些禁忌需要遵守。例如，不能在祭祀前吃荤、喝酒，不能在祭祀时大声喧哗、嬉笑打闹，不能在神位前放置不洁之物等。如果违反了这些禁忌，人们认为会触怒神灵，给自己和家庭带来不幸。在一些特殊的时期，如春节、清明、中秋等传统节日，以及家族中的重要事件，如婚丧嫁娶、添丁进口等，江南人家会

更加隆重地祭祀家堂神灵。这些祭祀活动不仅是对神灵的敬意，也是家族凝聚力的体现。民国时期流传着许多祭祀家堂神灵的竹枝词，如“祖灵堂前香火旺，青烟袅袅寄思长”“神灵护宅安，福泽满庭园”这样的诗句，描绘出祭祀时香火旺盛、烟雾缭绕的场景，表达对祖先神灵的敬畏和缅怀之情。

近世以来，这种习俗也出现了一些变化，许多人受到近代以来新思想的影响，对家堂神灵的信仰也会进行反思或调侃。民国时期《申报》就刊登过一些作者写的文章，如“神灵堂前妄求福，不如自身勤作耕”，表达出对过度依赖神灵庇佑而忽视自身努力的批判；还有一些竹枝词以幽默的方式描写人们在供奉家堂神灵时的一些行为或现象：“供品堆如山，神灵可曾餐？”以一种诙谐的口吻对过度的祭祀行为进行调侃，同时也暗示了部分知识分子对这种传统习俗的理性看待。这反映了中国近代社会在西方文化和科学思想的冲击下，国人的思想逐渐发生转变，开始以新的视角看待传统的民俗信仰和习俗，也反映了近代社会思潮的变迁，一些人开始对传统民俗信仰，特别是其中的迷信行为进行思考和质疑。

愿得年年被神福

——福禄寿喜

中国人喜欢“福禄寿喜”，有人说还有“财”，其实“禄”已经包含了财的内涵，它们一起构成民俗文化的重要内容。在中国文化中，“福”的含义广泛，包括幸福、福气、福运等诸多美好含义。它是人们对生活美满的综合期望，涉及物质生活的富足，如衣食无忧；精神生活的愉悦，如家庭和睦、内心安宁等多个层面。在古代，人们通过祭祀祖先和神灵，祈求降福，希望生活顺遂，这种观念历经数千年传承，使得“福”成为民俗文化中最核心的追求之一。春节期间，家家户户都会张贴“福”字，而且很多时候会将“福”字倒贴，寓意

▲ 晚清妇女头上的“抹额”，装饰了福、禄、寿、喜等吉祥文字，如绣蝙蝠表示有福气，绣凤凰表示吉祥如意，绣牡丹表示花开富贵

“福到”。这一简单的习俗承载着人们对新年福运降临的热切期盼。此外，各种与“福”有关的吉祥话、祝福语也在人际交往中频繁使用，如“福星高照”“福如东海”等，这些话语不仅表达了美好的祝愿，也进一步强化了“福”在民俗文化中的重要地位。

“禄”主要代表俸禄、禄位，象征着功名利禄，特别是财富。古代社会，仕途是人们获取社会地位和财富的重要途径。儒家文化强调积极入仕，学而优则仕，实现修身、齐家、治国、平天下的抱负。因此，“禄”成为文人墨客和普通百姓共同追求的目标。考取功名后获得俸禄，“三年清知府，十万雪花银”这种观念深入人心，在传统绘画和工艺品中，常常出现象征禄位的图案，如“禄星”是中国民间信仰中的财神之一，通常手持如意或笏板，寓意加官进禄。

“寿”代表长寿，反映了中国人对生命的尊重和珍视。古代人的平均寿命相对较短。因此，长寿成为人们的一种美好愿望。长寿不仅意味着个人能够享受更多的人生时光，还象征着家族的繁荣昌盛。在传统观念中，家中有高寿的长辈是一种福气，代表家族的根基稳固，人丁兴旺。在寿宴上，子孙们会向寿星献上寿桃、寿面等象征长寿的食品。寿桃源于神话传说中西王母蟠桃会的故事，传说吃了蟠桃可以延年益寿，寿面则寓意着生命绵长。此外，在给长辈的贺词中，“寿比南山”“松鹤延年”等与寿有关的吉祥话也经常出现，这些习俗和祝福语都体现了“寿”在民俗文化中的重要地位。

▲ 民国时期的老银铸“福禄寿喜”

“喜”是美好情感的汇聚。“喜”代表喜庆、喜悦，是人们对各种美好情感的表达和追求。“洞房花烛夜，金榜题名时”，喜庆之事包括结婚、生子、升学、乔迁等众多人生喜事。也是一个人的高光时刻，“喜”文化能够满足人们对美好情感的需求，增强家族和社会的凝聚力。婚礼现场张灯结彩，红色是主色调，象征着喜庆和吉祥。新人会穿

▲ 阿英所著《中国年画发展史略》插图

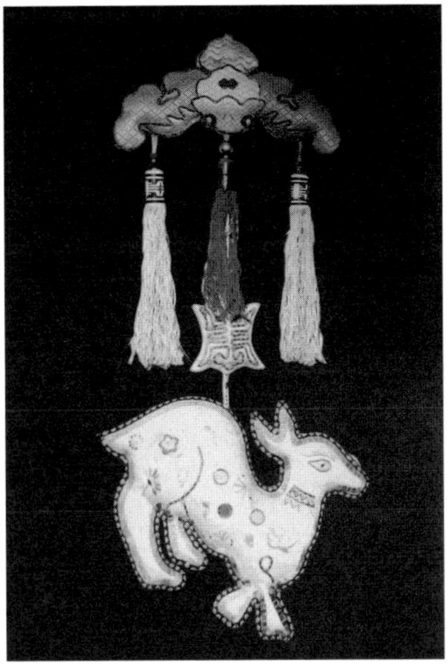

▲ 江南“发禄”，这是江南一带特有的民俗钱币。图为福禄寿发禄带

▲ 民国时期迎财神的广告画：丁财贵寿

着华丽的喜服，举行一系列隆重的仪式，如拜堂、敬茶等。整个婚礼过程充满了欢声笑语，亲朋好友纷纷送上祝福，各种与“喜”有关的习俗，如撒喜糖、贴喜字等，都让喜庆的氛围更加浓厚。此外，在其他喜事场合，也会有类似的庆祝活动，使得“喜”成为民俗文化中不可或缺的部分。

“财”是生活保障的关键，“财”即财富，是人们物质生活的基础。无论是古代还是现代，财富都对人们的生活质量至关重要。拥有足够的财富可以满足人们的衣食住行等基本需求，还能为人们提供更好的教育、医疗等资源。在中国传统的农业社会，土地和粮食是财富的重要象征；而在商业逐渐发达的时期，金银财宝等货币资产和商业利润也成为人们追逐的对象。财神信仰在中国民间非常普遍。传统的商业活动中，店铺开业、商人出门做生意等场合也会祭拜财神。此外，民间还有许多与财富有关的俗语，如“和气生财”“招财进宝”等，这些都体现了人们对财富的重视和追求。

清末民国江南，福禄寿喜是民众一种普遍的生活理想，然而其中最重要的因素因个人价值观、社会阶层、家庭背景等因素而有所不同。从普遍意义上来说，“福”可能是其中最重要的因素。“福”在精神层面代表着内心的安宁、家庭的和睦、社会关系的融洽等。恰如宋李若川《村社歌》所说的“愿得年年被神福，秋宜稻谷春宜桑。人淳礼简酒无数，歌笑喧阗日将暮。”古人心里，五谷丰登，收成丰好，就是农人一年最大的福分了。从物质层面来说，“福”意味着衣食无忧、居住环境良好等。

▲ 晚清专事相面和占卜人生前程的算命馆

▲ 晚清算命占卜者会运用八卦原理进行推算和预测，进而为他人提供所谓的命运指引

吉凶难测意彷徨

——吉凶占卜

江南地区文化底蕴深厚，古老的占卜吉凶的活动在民间传承已久，它承载了古人对自然和未知世界的最初探索方式。古代，人们通过龟甲占卜国家大事的吉凶，此后历朝历代，占卜吉凶成为民众生活中的延续，可以说也是一种文化惯性。这种传统逐渐渗透到民间生活，在清末民国的江南依然保留着一些痕迹。如海上闻人杜月笙，在上海势力很大，但到了晚年，身体状况变差。此时，他想起年轻时曾被一个道士算过命，说他是大富大贵之命，后来他确实做到了大富大贵。此番病重，他又请来道士算卦。道士说：“64岁在辛卯，天克地冲难度过”，杜月笙听后深信不疑，身体状况愈发差劲。果不其然，他64岁时便因病去世，一命呜呼。“街头巷尾占龟壳，卜问前程意若何。笑看众生求运数，吉凶一念费琢磨。”这种占卜很耐人寻味，引发人们的关注和思考。

▲ 1927 年，上海街头以占卜为生的算命先生

江南地区的民俗信仰丰富多样，包括道教、佛教以及各种地方神灵信仰等。吉凶占卜观念在与这些信仰的相互交融中得以保存，它既不是一种纯粹的宗教教义，也不是独立于信仰之外的东西。比如，道教的某些仪式和观念中有关于预测吉凶的部分，而佛教的因果报应说也可能会被民众以占卜的方式来理解和应用。在民间，人们将这些观念糅合在一起，使得吉凶占卜成为一种综合的信仰行为。

清末民国时期，社会处于动荡变革之中，对于普通民众来说，生活充满了不确定性。战争、自然灾害、经济困境等因素让人们感到不安。吉凶占卜就成为他们寻求心理安慰和确定感的一种方式。例如，在面临亲人远行、婚姻嫁娶、盖房置地等重要生活事件时，人们通过占卜来预测结果是吉是凶，仿佛这样就能够在不可预知的未来面前获得一些指引和信心。在一些社区和村落中，群体心理对个体的影响很大。当周围的人都相信吉凶占卜并且经常谈论相关的事情时，个体很容易受到这种氛围的感染而参与其中。而且，占卜结果如果是吉利的，会在群体中传播积极的情绪；如果是凶兆，大家也会一起讨论如何化解，这种群体行为进一步强化了人们对吉凶占卜的信任，所以，民国时期有文人竹枝词写道，“世事纷纭费忖量，吉凶难测意彷徨”，表达了对世事吉凶难以预测的迷茫与思索。

钱锺书夫人杨绛先生曾在她的著作《走在人生边上》中写过一段民国往事：多年前，上海有个名气很大的星命家，算到了自己会在1941年横死。为了趋吉避凶，他就逃到了香港，以为可以躲过死神的光顾。但是很可惜，这个星命家最后还是在香港不幸中弹身亡，应了他自己当初的预言。杨绛先生书中说的这位星命家，名叫林庚白，是国民党的元老，孙中山的得力助手，他曾准确地预言了袁世凯命不久矣、章士钊入阁、孙传芳入主浙江、徐志摩死于空难等一系列事件，使得当时的人十分佩服他的命相之学，因此得到了“神算子”的称号。这个人确实厉害，不过所谓的神算，其实是他基于敏锐的观察力所作的推测，比如知道徐志摩喜欢坐飞机而当时飞行技术不成熟，猜到徐志摩可能死于空难等。

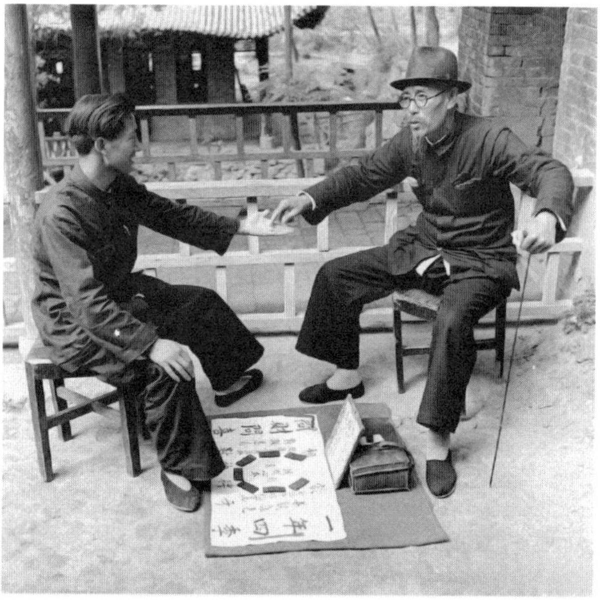

▲ 民国时期为人指点前程和命运的算卦者，外国人称之为“街头预言家”

在民国时期的知识体系下，民众缺乏科学的认知方法来解释自然现象和社会现象。古代的知

▲ 1933 年上海街头算命先生，能够手握三支毛笔，令人称奇

识传承主要依靠口口相传和有限的书籍，其中包含了大量与占卜相关的内容，而科学知识的传播非常有限，民众对于世界的理解还停留在比较迷信的阶段。一些江湖术士、占卜从业者为了获取经济利益，不断宣扬吉凶占卜的“有效性”。他们通过在集市、庙会等场所摆摊设点，为民众提供占卜服务，并收取一定的费用。这些从业者往往会用一些模棱两可的话术来让民众相信他们的占卜结果，以此赚取钱财维持生计。同时，一些制作和销售与占卜相关物品，如卦签、罗盘等的商家也会推动这种观念的传播，因为这关系到他们的经济利益。

江南地区以农业为主，农业生产在很大程度上依赖自然条件。而当时的水利设施、农业技术等还不够发达，农民对自然灾害的抵御能力较弱。因此，农民们希望通过占卜来预测天气、收成等情况，以便提前做好准备。例如，在播种季节，农民可能会占卜来确定最佳的播种时间，以此来祈求庄稼有个好收成。

财神元宝用纸糊

——焚烧锡箔

江南吴地有一种烧锡箔的习俗。锡箔，在古代江南，其主要用途是制作冥钱用以祭拜鬼神。其锡箔纸形状为长方形或正方形，薄纸片状，可折叠、变形，颜色一般为银白色，焚烧后灰为金黄。它的主要成分是锡、铝，是锡铝的合金。上海与苏州、浙北等地的民众，在举办丧礼或是祭祀先人的时候，都有烧锡箔的传统。

烧锡箔与烧纸钱的功用是一样的，在中国民俗中具有悠长的历史。据宋人高承《事物纪原》卷九记载："汉以来，葬者皆有瘗钱。"所谓"瘗"本意是掩埋，埋葬，瘗埋。如人们将殉葬的金玉器物称为"瘗藏"；古代行祭地礼时用以埋牲、玉帛的坑穴称之为"瘗坎"；祭土地神叫"瘗地""瘗土"……在《史记·酷吏列传》中出现了关于"瘗钱"的记载："会人有盗发孝文园瘗钱。"所谓"瘗钱"，就是用来给死者陪葬的钱。从魏晋南北朝开始，逐渐就出现了

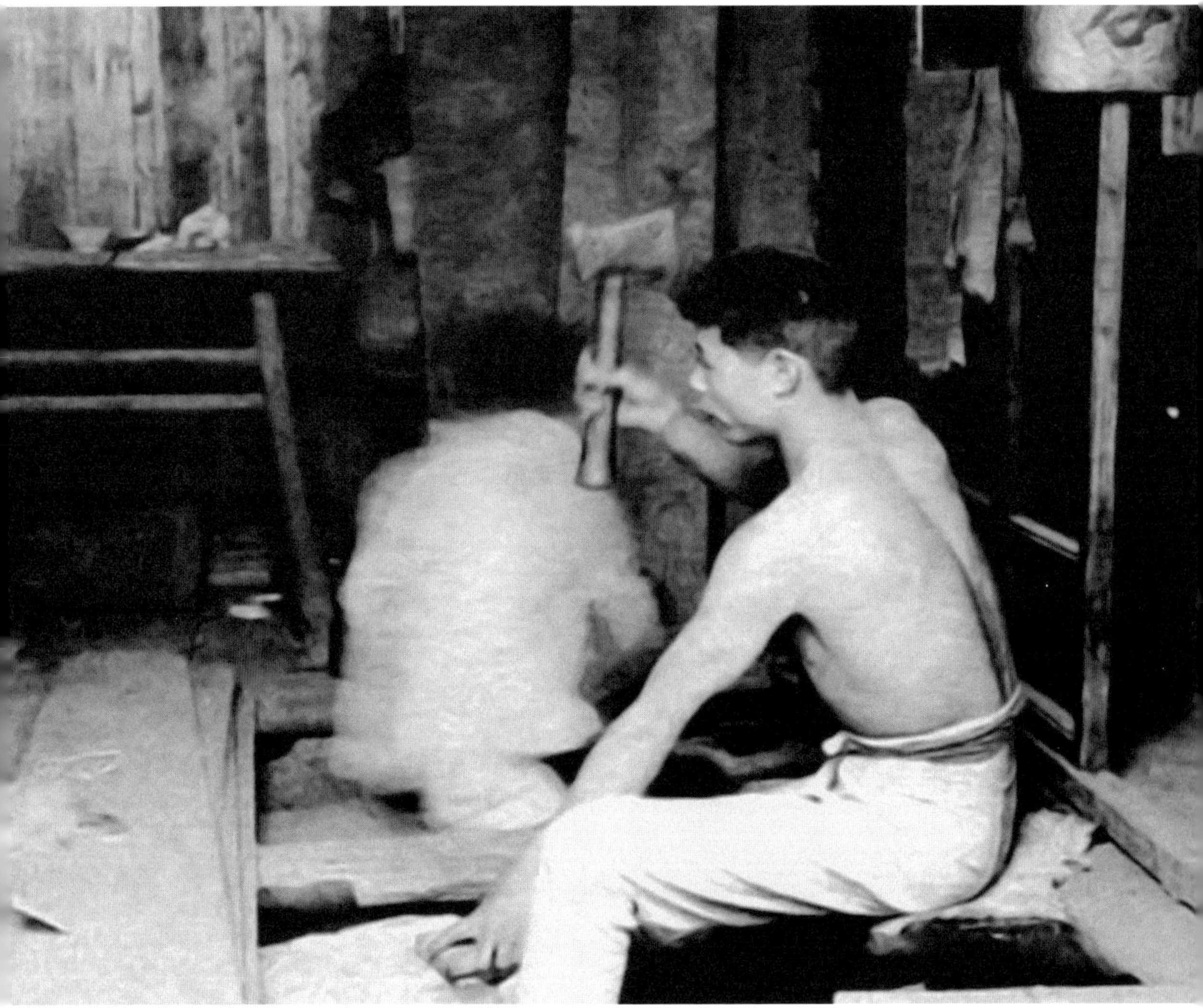

▲ 民国时期杭州一家专卖锡箔元宝的冥钱店，专制锡箔元宝

▲ 清末民初上海走街串巷卖长锭的小贩

▲ 1923—1924 年，走在上海外白渡桥上的长锭挑子

用“纸”做陪葬品的习俗，而且不只民间，上层阶级也是如此。宋戴埴撰《鼠璞》一书说，南齐东昏侯萧宝卷好事鬼神，曾经剪纸为钱，以代束帛。由此可知，因为汉代发明了造纸，纸钱之俗早在汉代就有了。魏晋以后，南朝宋齐梁陈，特别是齐之时，人们普遍改为以纸寓钱祭灵，这个习俗一直沿袭不绝。

中国人自古以来都将“生死”看成人生大事，孔子《论语·为政》云：“生，事之以礼；死，葬之以礼，祭之以礼。”意思是：当父母在世时，按礼节侍奉他们；父母去世后，按礼节安葬他们，按礼节祭祀他们。无论是葬礼还是祭拜，都要遵循礼仪。烧锡箔与烧纸钱一样，是一项由来已久、延续至今的传统习俗。

那么，为什么要将锡箔或者纸钱焚化而“烧”了呢？这是因为中国人历来的阴阳观念，以死生为界，人世间属于阳间，死去的人则去了阴间，所谓“阴阳永隔”，也许是佛教和道教文化对于民俗的影响，人们以为联系阴间与阳间的传播途径就是烟尘与焚烧，只有焚烧了，香烟不绝，才能做到“事生如事死”。加之道教文化认为，人死了以后到了另外一个世界，也就是所谓“阴间”，在那里同样也面临着日常开销，因而就有了纸钱、锡箔和冥币等出现。《邵氏闻见录》记宋仁宗去世当天，汴梁京城的老百姓停止了一切娱乐活动，哭声几天几夜不绝，连乞丐和儿童都给宋仁宗烧纸钱，可见烧锡箔、纸钱在宋代已经很盛行了。

锡箔的材质比纸钱更高级，富足的江南人家，烧锡箔祭祀蔚成传统，上海与苏州的有钱人家祭祖，家家户户备好祭品，烧煮各种菜肴作为贡品。祭祀时，正面墙上挂着祖先遗像，长桌上放着水果之类的祭品，八仙桌上一道道的菜肴，桌子两边放着酒盅和筷子，酒盅里斟满了酒。沿八仙桌两边是椅子。八仙桌正面是香烛，地上是一只锡箔缸。缸前是红毡蒲团。上香、点烛、烧锡箔，然后由长辈带头向祖先磕头，磕头后就围着看那两支红红的蜡烛，看它结花，看它颤动。据说蜡烛的火焰在跳动时表明祖先在享用祭品和酒菜。家里热热闹闹，一直到蜡烛熄灭，祭祖的事才告结束。

因为锡箔有需求，曾经催生了一个产业——锡箔业，大概在清咸丰、同治年间。此前人们烧锡箔只能去冥钱铺或者蜡烛店去买，他们的锡箔产品全是从外地锡箔制作作坊贩运而来。后来，有一些商人，见锡箔有利可图，就直接开起了锡箔坊和锡箔庄。前者专司生产，后者主营销售。但也有几家大型锡箔庄为前店后作坊模式，生产和销售集为一体。如上海老城厢的锡箔店，苏州古城的锡箔坊。当然也就形成了走街串巷的锡箔挑子。

1920年湖南长沙有人撰《新年竹枝词》：“财神元宝用纸糊，锡箔一层米浆涂。火宫殿内红胡子，数挂买来焚天炉。”说的是老长沙人过年时，会制作纸糊且用锡箔和米浆处理过的财神元宝，然后在火宫殿的财神殿焚烧，以向财神爷拜年祈求发财。湖南人烧锡箔与苏南人略有不同，但人世间总是充满着忧伤，至爱亲人离世，心头上的痛苦难以言说。烧锡箔或者纸钱，既是民族传统，也是人之常情，飞舞的锡箔灰，背后浸透了亲人哀痛而伤心的泪水，寄托着人们慎终追远、寄托哀思的一种情怀。

▲ 1924 年，江南某寺院里烧香拜佛的人群，香火气很旺

▲ 1932 年上海一条街上的香烛铺与锡箔店门前聚集着不少人

▲ 1908 年杭州灵隐寺大殿前僧众列阵仪轨

不问苍生问鬼神

——驱鬼祛邪

鬼，是人造出来的一种文化象征。古代人们对许多自然现象（如雷电、地震、日食等）和生命现象（如生老病死）缺乏科学的认知。当一个人突然生病或者死亡，在无法解释原因的情况下，就会想象是一种超自然的力量在起作用，于是“鬼”的概念应运而生。原始社会时期，人们就开始有了灵魂观念，认为人死后灵魂会离开身体，而这些灵魂在某些特定情境下就变成了“鬼”。在一些古老的墓葬中，人

▲ 1911 年法国传教士所绘江南民间信仰图 :《智诜禅师》

▲ 1910 年的镇鬼、驱邪的神汉

们会放置陪葬品，其中的观念之一就是安抚死者的灵魂，避免其成为恶鬼回来作祟，这体现了“鬼”文化的早期形态。

不同的民族和文化都有自己关于“鬼”的传说和观念。在中国文化中，鬼有各种各样的形象，如冤死鬼、吊死鬼、饿死鬼等，每种鬼都和特定的死亡方式或者生前遭遇有关。而在西方文化中，鬼也有不同的形象，像吸血鬼、幽灵等。这些差异巨大的鬼形象都是由各个文化群体根据自己的社会观念、宗教信仰、历史经历等因素创造出来的。鬼也是人类心理投射的一种形式。它往往反映了人们内心的恐惧、焦虑和愧疚等情绪。而这种观念也历来为封建统治者所利用，唐代诗人李商隐《贾生》诗有“可怜夜半虚前席，不问苍生问鬼神”两句，讽刺了汉文帝为了询问鬼神之事，而忽略了对国家民生的关注，可见唐代鬼神信仰氛围之浓烈。

清末民国时期，科学知识的普及程度有限，人们对自然现象、疾病等的认知水平不高，人们的生活充满了由不确定性带来的恐惧。对于一些无法理解或难以解释的现象，便将其归结为鬼怪作祟。这种认知上的局限使得驱鬼祛邪的观念有了生存的土壤。为了驱鬼祛邪，常用的方法就是张贴符箓。符箓是道教文化中的元素，有平安符、镇宅符、护身符之类，这些符箓上面绘有各种神秘的符号、图案和文字，被认为是神灵的旨意或者具有特殊法力的象征。在张贴符箓时，人们还会选择吉日良辰，张贴的过程要保持心诚，张贴者需要净手、焚香，其背后的逻辑是借助符箓沟通神灵，让神灵的力量来驱逐恶鬼和邪气。

在传统习俗中，还有多种常见的辟邪物件及方式。桃木制品被视为有辟邪作用，如桃木剑能斩杀邪祟，小孩佩戴桃木雕刻小物件可驱邪消灾、保佑平安，因桃木被认为具阳气能克阴气重的鬼怪。玉石也被认为有辟邪功效，尤其相信经过开光仪式的玉石，在端午节等节日人们制作佩戴的香囊，也有驱虫辟邪寓意。

祭祀仪式也是驱鬼祛邪的重要方式。祭祖时人们准备丰盛祭品，通过焚香、烧纸等方式祈求祖先神灵庇佑家人、驱逐邪祟，相信祖先在阴间能关照家族与后人。祭神如祭祀土地神、灶神等，可保佑一方土地平安、家庭饮食平安，阻止鬼怪进入。洒扫清洁也被认为可驱邪。民间观念中，整洁环境不利邪祟生存，春节前夕大扫除寓意扫除晦气邪祟，用艾草等特殊气味植物煮水擦洗家具可增强驱邪效果。在一些农村地区，会用石灰在房屋周围撒出白色边界，认为可阻止邪祟，石灰的白色象征纯净、辟邪。

▲ 1923 年上海郊区举行的驱鬼仪式

▲ 1928 年的金山寺附近，两名身着袈裟的僧人做着法事，而路边经过的孩童则好奇地盯着眼前的一幕

此外，佛教和道教的咒语及经文被认为有驱鬼祛邪力量，如《心经》《大悲咒》等经文及“急急如律令”等道教咒语。民间也有简单咒语，反映人们希望借助语言力量抵御邪祟心理，如

有些地方的老人会教小孩子在遇到害怕的事情时，念一些简单的咒语。再如“天灵灵，地灵灵，我家有个啼哭郎，过路君子读一遍，一觉睡到大天亮”之类的话语，虽然这些民间咒语没有那么严谨的体系，但也反映了人们希望通过语言的力量来抵御邪祟的心理。

驱鬼祛邪行为在一定程度上给人们带来心理安慰和寄托，丰富民间文化，但过于依赖超自然力量而忽视科学，则会影响科学思维的形成和社会进步，这个弊端很严重。同时，易被别有用心之人利用进行迷信活动和欺诈，如一些“巫婆神汉”以驱鬼祛邪为名骗取钱财甚至伤害生命健康。从科学角度看，鬼可能是大脑认知错觉或神经系统异常反应的结果。大脑在特定情况下会将自然现象误认成超自然的鬼形象，而疲劳、压力大等状态下神经系统异常也可能让人产生鬼的幻觉、幻听。随着时代进步，驱鬼祛邪这类观念逐渐被放置在更科学的认知背景下审视。

红妆多少烧香女

——烧香拜佛

江南地区虽然相对富裕，但在清末社会也深受社会动荡的影响，特别是19世纪五六十年代，太平天国运动的兴起和清政府的镇压，对江南地区造成巨大破坏，经济和社会秩序遭受重创。普通民众生活在不安定的环境中，面临着生命财产安全的威胁。在这种情况下，烧香拜佛成为他们寻求精神慰藉的重要方式。寺庙和佛堂的宁静，以及宗教仪式所带来的庄严感，能让人们暂时忘却外界的纷扰，暂时找到内心的平静。例如乱世中的杭州灵隐寺，香火依旧旺盛。相传有位书生要进京赶考，路过杭州时，特地到灵隐寺进香，老和尚看他气宇不凡，便赠与他一串佛珠，并嘱咐他考试时要沉着冷静。书生带着佛珠进京，考试时如有神助，最后高中。书生感恩灵隐寺的庇佑，返乡后在灵隐寺还愿。苏州寒山寺因张继的《枫桥夜泊》而闻名，在清末民

▲ 20 世纪 20 年代在南京鸡鸣寺烧香的女子

▲ 1908 年杭州街头一位老婆婆在虔诚地烧香拜佛

国时期，每到新年之际，寒山寺会举行撞钟仪式。周边的民众甚至远道而来的信徒都会聚集在此。有一户贫苦人家，家中老母亲常年生病。儿子听闻寒山寺的钟声能祈福消灾，于是在除夕夜，背着母亲来到寒山寺。当新年钟声敲响，他和众人一起虔诚祈祷，希望母亲的病能够早日康复。神奇的是，母亲的病情后来真的有所好转。这事传开后，寒山寺钟声能祈福的说法变得更加深入人心。

社会变迁带来的不确定性，使民众对未来感到迷茫。那个年代，随着西方列强的经济入侵，传统手工业受到冲击，很多人面临失业风险。他们通过烧香拜佛，祈求佛祖或菩萨保佑自己和家人能够平安渡过难关，找到生活的出路。这种对未来的美好期望在宗教仪式中得到寄托，人们希望通过虔诚的礼拜获得神灵的眷顾，改变自己的命运，也是能够理解的。

达摩祖师是南天竺（今印度境内）人，北魏时期，他远渡重洋来到中国传教，达摩祖师在嵩山少林寺的山洞中面壁冥想九年。其间，他潜心修行，据说小鸟在他肩上筑巢都浑然不知。他的这种坚韧的修行精神对后世佛教影响深远。信徒们为了纪念达摩祖师的虔诚和毅力，会去烧香拜佛，希望能像他一样在修行中获得精神的升华。而且达摩祖师的禅法，经二祖慧可、三祖僧璨、四祖道信、五祖弘忍等一代代传承，形成了中国佛教禅宗，吸引无数信徒前来参拜，禅宗重视内心修行的理念，烧香拜佛者希望汲取其精神力量，获得心灵的宁静和智慧的开启。

烧香拜佛在江南地区已经和许多民俗活动紧密结合。例如，在一些传统节日如春节、元宵节等，民众会到寺庙进香祈福。人们通过烧香拜佛，接受佛教教义的道德教化，以规范自己的行为。他们相信自己的善恶行为会得到神灵的审判，因此在日常生活中更加注重积德行

▲ 20 世纪 30 年代穿着旗袍的女子到寺庙烧香作揖的影像

善，这种心理约束有助于维护社会的基本道德秩序。烧香拜佛有时也会成为人们排解内心愧疚的一种方式。在寺庙庄严的氛围中向佛祖忏悔，可以安抚自己的内心。清人缪润绂曾有诗描述寺庙烧香拜佛的盛况："为庇仙云愿许酬，尽将脂粉斗风流。红妆多少烧香女，齐上东南转角楼。"全诗描绘了一幅女子们为求神仙庇佑，盛装前往寺庙东南转角楼烧香拜佛的情景，其中还融入了女子们争奇斗艳的细节，从侧面反映出当时烧香拜佛习俗的风气之盛。

江南地区寺庙道观香火之盛，与江南富裕的经济条件有关，为寺庙的建设和烧香拜佛的开展提供了物质基础。士绅、商人、农民等不同阶层的人们对佛教的信仰和支持方式各异，士绅注重文化内涵，他们参与寺庙的文化活动，如资助佛经的刊印、举办禅学讲座等；商人则希望通过烧香拜佛祈求生意兴隆，他们捐资修建寺庙、塑造佛像，以此来积累功德；农民在农闲时节也会前往寺庙烧香拜佛，祈求风调雨顺、五谷丰登。这种不同阶层的互动，使得烧香拜佛的习俗在江南社会各个层面广泛传播。

当然，即使在民国时期，不同意见也是存在的，有一些进步青年对这种传统的烧香拜佛行为表示质疑，还曾引起了一场小小的文化争论，但当时进步青年的声音太微弱了，遭到一些民众的反驳与攻击，烧香拜佛者依然络绎不绝，争论并没有导致传统烧香拜佛行为的消失，而是形成了一种科学与迷信观念并存的复杂局面。

▲ 1924 年江南某寺院内烧香拜佛、香火气很旺的人群

▲ 20 世纪 40 年代上海人过年聚集到城隍庙上香的情景

▲ 鹤有崇高的地位，是长寿、吉祥与高雅的象征。它常与神仙联系在一起，被公认为一等的文禽

▲ 玉有灵性，温润柔和。从古至今，寄托着人们美好的祈福与祝愿：护佑婴儿平平安安，健康成长。图为一老者在打磨玉器

瑞气盈门百事兴

——吉祥灵物

江南民间传统吉祥物，最重要的如龙、凤、龟、麒麟、貔貅之外，还有喜鹊也是喜庆和好运的象征。“喜鹊登枝”寓意着即将有好事发生，如金榜题名、婚姻美满等。蝙蝠被视为福气的象征。五只蝙蝠围绕着一个图案被称为“五福临门”，代表着长寿、富贵、康宁、好德和善终。鲤鱼象征着富贵、有余，“鲤”与“利”谐音，“鱼”与“余”谐音，因此“鲤鱼跃龙门”的故事寓意着通过努力奋斗，实现阶层跨越，获得富贵和成功。如意最初是一种挠痒痒的工具，后来演变成一种象征吉祥如意的工艺品，它的形状通常是长柄、头部呈云状或灵芝状，人们在祝福他人时常常会说“万事如意”，如意的形象也经常出现在传统的绘画、雕刻和礼品中。葫芦具有多种吉祥寓意，它的形状圆润，口小肚大，被认为能够吸纳邪气、保佑平安。葫芦还与“福禄”谐音，象征着福气和禄运，在民间，葫芦常被制作成各种工艺品，挂在门口或室内，起到装饰和辟邪的作用……

人们历经各种灾难和生活困境，对美好生活的向往促使他们创造出各种象征吉祥的事物，通过对这些事物的信仰和崇拜来获得心理安慰。这些观念经过数千年的传承，已经深深扎根于中国人的文化基因之中。中国长期处于农耕社会，人们的生活依赖于自然环境和气候条件。人们希望借助吉祥灵物的力量来保佑农作物丰收、家庭平安，这种对吉祥灵物的信仰也是他们应对生活不确定性的一种方式。人们通过喜爱和推崇这些吉祥灵物，表达自己对高尚品德和美好生活的追求，民间艺术如剪纸、年画、雕刻等大量运用吉祥灵物的形象作为创作题材。这些艺术作品不仅装饰了人们的生活，还传播了吉祥文化。

▲ 象驮宝瓶，作为十大吉祥物之一，代表着太平与平安。它象征了人们对和平与安宁的追求

对吉祥灵物的喜爱是中国传统文化传承的重要载体。这些吉祥灵物承载着丰富的文化内涵和历史记忆，通过代代相传，使人们能够了解和感受中国古代文化的魅力。吉祥灵物能为人们提供心理慰藉和积极的心理暗示。在面对生活中的困难和压力时，人们对吉祥事物的信仰可以增强自信心和希望感。当然，过度迷信吉祥灵物的“神力”，可能会导致人们忽视自身的努力和客观现实。一些商家为了商业利益，过度渲染吉祥灵物的功效，进行夸大宣传，导致消费者盲目购买所谓的“吉祥产品”。这种现象不仅可能造成消费者的经济损失，还会进一步加深人们的迷信观念。

▲ 葫芦以其繁茂的寓意和美丽的造型，与福禄谐音，可以驱灾辟邪，祈求幸福，使子孙人丁兴旺

由吉祥灵物还派生出诸多的吉祥语与口彩，如“岁岁平安”，表达人们希望在每一年的生活中都平平安安，没有灾祸，如春节打碎东西时，会马上说“岁岁（碎碎）平安”，以此来化解打碎东西可能带来的不祥之感。再如“福如东海，寿比南山”是说福气像东海那样浩瀚无边，寿命如同南山一样长久，这是对长辈们的一种祝福，希望他们福气满满、长寿安康，体现了中华民族尊老敬老的传统美德，也表达了对生命长久和幸福美满的向往。“金玉满堂”寓意财富极多，荣华富贵，体现了人们对物质生活富足的追求。“花好月圆”，花朵盛开和满月都是美好的自然景象，象征着生活的美好和家庭的团圆。人们用这句吉祥语表达对爱情甜蜜、家庭和睦的祝愿。

▲ 清末民初和合二仙银鎏金长命锁

其他还有“五子登科”指的是五个儿子在科举考试中榜上有名。这个吉祥语最初用于祝愿家族子弟能够科举高中，后来也寓意家族兴旺、后代有出息。一个家族能有五个儿子都科举成功是非常荣耀的事情。在家庭教育、家族聚会等场合使用这种吉祥语，体现了对家族子弟教育和未来发展的高度重视。“竹报平安”，因为竹在中国文化中有坚韧、高洁的象征意义。“竹报平安”原指家书报平安，后来也用

于祝福平安无事。在古代通信不便的情况下，家人之间的书信往来是传递平安消息的重要方式。竹子常被用来制作竹简用于书写书信。在节日或亲友远行时，人们会用“竹报平安”来表达希望对方平安归来或一切安好的愿望。

清末民国时期的文人常借诗词中的吉祥语来寄托对生活的期望。例如“瑞气盈门百事兴，祥光满室福缘增”，描绘出祥瑞之气充满家门、吉祥之光溢满室内的景象，表达了对家庭幸福、诸事顺利的美好向往。竹枝词多描写民间生活，其中也不乏对吉祥语相关习俗的记录。

最是人间留不住

——长命富贵

江南人家为新生儿或儿童佩戴长命锁的习俗，也是中国人生命信仰的一部分。外婆给新生儿赠送银制的项圈，外加装饰锁片，这种银项圈和锁片，有圆形的，也有椭圆形的。银项圈下面还用项链或丝编带穿入锁片中，形成一个圈，挂在小儿的脖子上，锁片垂在项下胸前。当然，贵重一点的用黄金制作，那就不是一般百姓的财力所能承受的。不论是项圈还是锁片，统称“长命锁”，俗信戴这种银锁片，银项圈和锁片可以保佑幼儿无灾无疾，健康成长。银锁片正反面都有文字与图案，它们都具有增强保育力量的作用，或者说都表达了人们对于新生儿生命长久、幸福吉祥的美好祝愿。文字多出现在正面，一般为“长命百岁”“长命富贵”“长发其祥”“后生可畏”等字样。图案多錾在反面，大多为麒麟、龙、虎等吉祥动物。

探究起“长命锁”的身世，它的前身叫“长命缕”，也被称为“长生缕”“续命缕”“延年缕”“五色缕”“辟兵缯”“朱索”“百索”等。战乱年代在小孩胸前挂锁，其意义在于锁住小孩的命，避免病魔疫鬼侵入危害小孩。人们认为小孩一旦戴上了锁，就能无灾无祸，平安长大。所以，就把这种锁称作长命锁。长命锁更多表达的是长辈对晚辈的祝福。这个佩长命锁的习俗，最早可追溯到汉代。据《荆楚岁时记》《风俗通》《岁时广记》等典籍记载，在汉代，每逢五月初五端午节，家家户户都在门楣上悬挂上五色丝绳，以避不祥。到了魏晋南北朝时，这股丝绳被移到了妇女臂上，渐成为妇女和儿童的一种臂饰。不仅用于端午，还用于夏至。以祈求辟邪祛灾，祛病延年。到了宋代，这种风俗不仅在宫廷流行，还传入民间，除妇女儿童之外，男子也可佩戴。每到端午节前，皇帝还在长春殿亲自将续命缕赏赐给近臣百官，以便他们在节日佩戴。宋代称这种五彩丝绳编结物为“珠儿结”“彩线结”，可见其形制已较复杂，除丝绳、彩线外，还穿有珍珠等物，在当时京都等地的街市上还有不少店铺和市贩，专门以销售这种饰物为生。

到了明代，风俗变迁，成年男女使用者日少，儿童的颈上却多了一种饰品。一般多用于新生儿出世，直到满周岁，蕴含着长命锁最原始的寓意——祛邪避灾。

随着时间的推移，长命缕的形式逐渐发生变化。开始从简单的丝线转变为更具装饰性的金属制品，其形状也逐渐向锁靠拢，材质也变得多样，除了金银外，还有玉石等。并且，其寓意也更加丰富，不仅有辟邪的功能，还增添了祝福儿童长寿富贵等含义。在古代，由于医疗条件落后，儿童夭折率较高，人们通过给孩子佩戴长命锁，希望借助超自然的力量来保护孩子的性命，让他们能够平安长大，度过生命中的脆弱时期。长命锁也承载着驱邪的寓意。在民俗信仰中，孩子年幼，容易受到邪祟的侵害。长命锁被视为护身符，能够阻挡恶鬼、病魔等不良事物的侵扰。长命锁上的字样，或者装饰

▲ 清末银质“长命富贵”锁片

▲ 1919 年 2 月 1 日，农历春节，城里大街上挂着长命锁的孩子

▲ 民国农家生活中，给小孩戴着一顶帽子和一个长命锁坠

▲ 清末江南孩童项配长命锁，母护左右，祈福辟邪

的瑞兽图案，这些都被认为具有辟邪的力量。除了健康长寿和祛邪之外，长命锁还象征着富贵和吉祥。它代表了长辈对孩子未来生活的美好期望，希望孩子长大后能够生活富足，享受荣华富贵。

▲ 民国时期寓意长命富贵的帽饰

长命锁的佩戴通常有一定的仪式。在一些地方，新生儿出生后不久，家长会选择一个吉日，如孩子满月、百日或者周岁时为其佩戴长命锁。佩戴过程中，往往会邀请家族中的长辈或者德高望重的人来进行，并且会有一些祝福的话语，如“长命百岁，平平安安”之类。这种仪式不仅是一种简单的装饰行为，更重要的是传递了家族对新生儿的关爱和祝福。佩戴长命锁的习俗反映了长辈们希望通过这种方式来确保家族血脉的延续，为孩子的成长提供精神上的保护，长命锁也融合了民间信仰、传统工艺等多种文化元素，是民俗文化的一个重要载体。

清代词人王国维《蝶恋花》有“最是人间留不住，朱颜辞镜花辞树”的名句，也是对生命易逝主题的深刻表达。这就如同人们追求长命，尽管有长命的愿望，通过各种方式祈求长命富贵，但自然的规律却是生命在不断地消逝，人们美好的期许在无情的时间面前显得如此无助，体现出一种深深的无奈。

孰与制天而用之

——禳解之法

何为“禳解之法”？“禳”与“解”，指的是通过一系列手段和方式，将已经存在或可能出现的灾祸、厄运等不良因素消除掉，使人们能够摆脱困境，恢复到正常的生活状态，改不利为有利。整体上可以理解为人们通过特定的祭祀、仪式、行为或使用特定的物品等方

▲ 清末民初乡间店铺吊着的一个人偶，身上还挂着写满文字的纸

▲ 清末有各种各样的民间法术，图为匠人法中最典型的代表鲁班法，其有很多驱邪、治病、斗邪师等攻击性的法术

▲ 描绘民国江南乡村生活中巫婆形象的瓷器

式，来消除灾祸、祛除邪恶、化解厄运，以达到保障自身安全、健康和生活顺利的目标。

禳解之法与古老巫术有着深厚的渊源关系，或者说它们在起源上有一定的同源性。人类社会早期，面对自然界的各种未知现象和灾难，人们试图通过一些超自然的手段来进行干预和控制，这就产生了巫术。禳解之法也是在这样的背景下发展起来的，最初都是为了应对诸如疾病、灾祸、恶鬼等威胁，巫师会通过举行仪式，如舞蹈、念咒等方式来驱逐病魔或者祈求神灵消除灾祸，这些仪式中就包含了早期的禳解观念和巫术行为。

巫术认为世界是由各种神秘的力量所支配的，通过特定的仪式和手段可以调动这些力量来达到某种目的。禳解之法同样如此，它认为超自然的力量

▲ 清末徽州“跳钟馗”的仪式，意在借助钟馗打鬼驱邪

能够影响人们的生活，如邪祟的存在会带来厄运，而通过禳解可以驱散邪祟，改变命运。在文化演变过程中，巫术逐渐被主流文化所排斥，被视为迷信和有害的行为，纯粹的巫术仪式在现代社会几乎已经消失。而禳解之法在一定程度上得到了保留，尤其是在民俗文化中，它更多地被看作一种传统习俗和心理安慰的方式。如日常生活中，当人打喷嚏时，旁边的人会说“百岁”，寓意着长命百岁，在有的地区还有说“千岁”“万岁”等不同说法的，都是通过吉祥的话语来消除可能因打喷嚏带来的不好寓意，给予一种美好的心理暗示。如在一些特殊的场合，人们不小心说了不吉利的话，比如“死”“病”等字眼，人们会通过说“呸呸呸”或者“童言无忌”等方式来禳解，认为这样可以消除刚刚说出的不吉利话语所带来的厄运。这叫语言禳解。

在一些特殊场合，如参加葬礼后或者搬到新的住所时，人们会跨火盆。火被认为具有净化和辟邪的作用，通过跨越燃烧的火盆，能够烧掉身上的晦气和邪气，让自己进入一个新的、干净的状态，迎来好运和平安。还有一些特殊仪式或者活动中，会有摔碗的行为。例如在一些传统的建筑开工仪式上，摔碎一个碗，象征着破除障碍、驱赶邪祟，确保工程顺利进行，这是行为禳解。

除夕夜燃放鞭炮是春节的重要习俗之一。相传鞭炮声可以驱赶年兽，这是一种典型的禳解灾祸的方式。端午节挂菖蒲、艾叶，佩戴香囊等，也是一种禳解，希望借助香囊中的草药力量，保护自己免受邪气侵害。给小孩子佩戴长命锁或平安符是常见的禳解方式。长命锁通常是用金银等材质制成，刻有“长命百岁”“平安吉祥”等字样，被认为可以锁住孩子的性命，保佑其健康成长。平安符则是由寺庙或道观等宗教场所赐予，上面写有经文或符咒，具有辟邪护佑的作用。当小孩子受到惊吓或者生病时，一些地方会有叫魂的习俗。长辈会在孩子可能受到惊吓的地方或者晚上孩子睡觉前，轻声呼唤孩子的名字，说一些安慰和召回灵魂的话语，认为这样可以让孩子的灵魂归位，恢复健康。再如丧葬仪式中，送葬队伍会在路上撒纸钱，一方面是为了给死者在另一个世界提供钱财使用，另一方面也有禳解的意味，认为撒出的纸钱可以打发路上的孤魂野鬼，让死者的灵魂能够顺利到达目

▲ 1908 年，杭州街头专教人们各种禳解之法的算命先生

的地，不受邪祟的干扰。人们在守孝期间，会遵守一些禁忌，如不参加娱乐活动、不穿鲜艳的衣服等。这些禁忌被视为对死者的尊重和悼念，同时也被认为可以避免触怒神灵或死者的灵魂，防止带来厄运和灾祸。

民国时期江南遭遇自然灾害，许多人包括官方采取的祈雨方式，在现代科学看来缺乏科学依据，只是人们寻求心理安慰和解决生存危机的一种手段，倒是胡適先生在《沁园春》中提出“从天而颂之，孰与制天而用之”，表达了一种积极主动地去改造、利用世界，而不是消极地顺应或哀怨的态度，体现了五四时期那一代文化人对旧传统、旧观念的突破和对新思想、新作为的追求。

图书在版编目(CIP)数据

江南风俗图录. 第10卷，春祈秋报 / 仲富兰著.
上海 ：上海辞书出版社，2025. -- ISBN 978-7-5326
-6334-7

Ⅰ. K892.45-64 ；F279.275-64

中国国家版本馆CIP数据核字第2025SJ2299号

“十四五”国家重点出版物出版规划项目
国家出版基金资助项目
上海文化发展基金会图书出版专项基金资助项目

江南风俗图录·第10卷·春祈秋报

仲富兰 著

策划统筹	朱志凌	**题　　签**	邓　明
责任编辑	朱志凌	**篆　　刻**	潘方尔
特约编辑	钱　琼	**英文翻译**	唐玥芳
责任校对	左钟亮	**英文校译**	秦　悦
技术编辑	楼微雯	**图　　片**	均由作者提供
整体设计	零贰壹肆设计工作室		

出版发行 上海世纪出版集团
上海辞书出版社®(www.cishu.com.cn)
地　　址 上海市闵行区号景路159弄B座(邮政编码：201101)
印　　刷 南京爱德印刷有限公司
开　　本 787毫米×1092毫米　1/16
印　　张 16.5　插页5
字　　数 325 000
版　　次 2025年10月第1版　2025年10月第1次印刷
书　　号 ISBN 978-7-5326-6334-7/K·1285
定　　价 128.00元

本书如有质量问题，请与承印厂联系。电话：025-57928005

《江南风俗图录（1840—1949）》（全十卷）

“十四五”国家重点出版物出版规划项目、国家出版基金资助项目《江南风俗图录（1840—1949）》（全十卷）立足近代风俗史与图像史研究的交叉领域，系统梳理百年间江南民间生活形态、民间文化传承及社会变迁轨迹，通过动态视角深入研究最普通、最普遍的民间日常生活的历史演进。作者仲富兰教授整合数十年积累和研究的图像史料，以图史互证为方法论，辅以大量民间竹枝词等风土纪事文献，全景式记录了近代中国社会生活的转型历程与多元民俗风貌，生动再现了市井生活的烟火气息。全书按风味饮食、服饰冠履、民居建筑、行旅交通、生产商贸、文教卫生、娱艺体育、人生礼仪、岁时乡情、生活信仰等主题分卷编纂。

全书辑录3 200余幅珍贵老照片、民俗画作等历史影像，以图像叙事为经，以风俗流变为纬，构建起一部立体化、可视化的江南民俗图谱。这些泛黄的影像既凝固了百年市井生活的瞬间，又以细腻笔触还原传统节庆场景，使读者得以直观把握江南地区岁时习俗、衣食住行、婚丧嫁娶等民俗的演化轨迹，较之纯文字叙事更具现场感染力。编纂体例上独创性地穿插历代江南竹枝词，实现朗朗上口的诗词文本与风俗史事互为映照。譬如以“妾在船头偷看郎，郎骑白马好风光”的竹枝词解读江南婚俗，既赋予学术论述以诗意美感，又通过民间话语补足了历史细节，使宏大叙事浸润日常肌理，彰显日常生活的本真状态。

从学术层面看，《江南风俗图录》突破了传统风俗史研究单一的文字叙述模式，开创了“图像+文献+文学”多元互证的研究范式，为我国地域民俗文化研究提供了新的方法，堪称融民俗文化、社会史、视觉文化研究于一体的江南民俗文化图谱，兼具学术开拓性与出版稀缺性价值。无论学术研究者、文化从业者或普通读者，都能从中领略江南千年文脉的深厚底蕴与独特审美。

《江南风俗图录 · 第 1 卷 · 饭稻羹鱼》

《江南风俗图录 · 第 2 卷 · 衣香鬓影》

《江南风俗图录 · 第 3 卷 · 深巷低窗》

《江南风俗图录 · 第 4 卷 · 车动马喧》

《江南风俗图录 · 第 5 卷 · 市井食货》

《江南风俗图录 · 第 6 卷 · 春生弦诵》

《江南风俗图录 · 第 7 卷 · 闲暇趣玩》

《江南风俗图录 · 第 8 卷 · 礼敬人生》

《江南风俗图录 · 第 9 卷 · 岁时乡愁》

《江南风俗图录 · 第10卷 · 春祈秋报》